JN439264

감동을 찾아 떠나다

고영문 수필집

교음사

책 머리에

쓰고 싶을 땐 썼다. 꺼리는 곳곳에 있다. 마음에 닿으면 느낌과 정보를 간추려 메모해 두었다가 틈틈이 글로서 정리했다. 즐거움이었다. 뒤에 다시 떠 올려볼 수 있을 것이라는 기대도 있었다. 그때 그런 감정들을 또 다른 모습으로라도 느껴보고 싶었다. 그렇게 모은 55편을 5개 항목(부)으로 묶어 나의 첫 수필집 '감동을 찾아 떠나다'를 내놓게 되었다.

나는 평생을 초등학교 교원으로 보냈다. 나름의 직업적 경험과 시각으로 내 주변을 좁게 보아온 것 같기다 하다. 참 좋은 모습이구나 보나 왜 그럴까, 그러면 안 되는데라고 하는 모습들이 눈에 더 많이 들어왔다.

따라서 내가 보는 시각에 익숙해진 현상들이 조금이라도 개선되기를 바라는 마음으로 쓴 글이 많아졌다. 쓰다 보니 다른 사람에게도 공감 가는 글이 되었으면 하는 바람도 생겼다. 아울러 더 경험하고 생각하면서 내면에 충실하고 새롭게 노력해가는 삶을 그린다.

이제 이들 글들이 한 권의 책으로 묶어졌으니 겨우 작은 산 하나를 넘어간다.

그동안 격려와 지도를 해 주신 이자야 선생님께 감사드리고 기꺼이 발문을 써 주신 이균상 선생님, 옆에서 같이해준 우리 가족이 고맙다.

2017년 가을 重山堂에서

저 자 고영문

고영문 수필집

1부 손잡고 가자

2부 도미노 같은 나의 하루

3부 기차 여행

4부 신나는 올림픽

5부 훈 수

개나리와 노랑병아리

봄이 왔다. 길게 늘어뜨린 개나리 가지가 노란 꽃을 피웠다. 잎이 나오기도 전에 꽃부터 먼저 나왔다. 봄을 알리기가 급했었나 보다. 그 추운 겨울이 다 갔음을 하루라도 더 빨리 전해주려 했음일까. 그래서 영춘화(迎春花)인가.

어느 추운 겨울날 홀어머니와 함께 어렵게 살던 4식구가 그만 세상을 떠났다. 이듬해 봄날, 그곳에 꽃잎 4개를 달고 네 식구처럼 정답게 피어난 개나리꽃의 전설이 애잔하다. 가운데는 암술을 중심으로 수술이 둘러싸고 꽃가루가 뿌려져 있다. 아래쪽의 꿀샘에는 꿀도 마련해 놓았다.

고향집주변 울타리에 개나리꽃이 피었었다. 봄날, 햇볕을 받으며 옹기종기 화사하게 피어났다. 갓 핀 개나리가 한들한들 봄바람에 춤을 춘다. 어미닭이 품에 안아 깨어낸 아기병아리들을 데리고 개나리 꽃가지 아래로 봄나들이 나왔다. 꽃과 같이 착하고 아름답게 살라는 엄마의 염원이 담겼는가 보다.

두 발로 땅을 이리 긁고 저리 헤치면 낟알과 풀씨가 나오고 작은 벌레도 나온다. 그걸 엄마가 하는 것처럼 찾아내고 이렇게 쪼아 먹는다는 시범을 보이며 먹어보란다. 고양이가 슬금슬금 지나간다. 얼른 병아리들을 날갯죽지 밑으로 숨긴다. 잠시 후 먹을 수 있는 것과 먹지 못하는 것을 계속 가르친다. 목이 마를 때 쯤 삐악삐악 아기들을 물가로 데리고 간다. 이번에는 물을 먹는 방법이다. 잘 넘어가도록 주둥이를 하늘로 치켜들고 냠냠하며 먼저 해 보인다. 노란주둥이들이 엄마를 따라 한다.

꽃그늘 아래에서 세상 살아가는 방법을 가르치고 배운다. 햇살은 이들을 반겨주고 감싸준다. 세상은 아름답고 따뜻하며 살만한 곳이라고 속삭여 준다. 산들산들 봄바람이 이들의 보드라운 깃털을 간질이며 함께 놀아준다. 어디선가 노랫소리가 들려온다. '나리 나리 개나리, 입에 따다 물고요~'

노랗게 피어난 감격의 꽃, 새로운 시작의 희망의 꽃, 긴 겨울을 견뎌온 인내의 꽃, 드디어 소망을 이루어 낸 화신이 꽃으로 피어났다. 나비와 벌에게도 어서 나오라고 손짓한다.

그 옛날 내가 학교에 가서 처음 배운 노래가 '봄나들이'였다. 우리 담임선생님의 입 모양을 보면서 구절구절 따라 부르며 배운 노래다. 지금도 이 노래를 듣거나 부를 때면 평화롭고 안온(安穩)해진다. 아무 선입견 없었던 맑은 하늘과도 같은 파란 맘으로 돌아가고픈 그 시절이 그렇게도 그립다. 마음의 터전, 너와 내가 어우러져 하나 둘 개나리꽃으로 피어난다.

친구와 손잡고 학교 갔다가 또 다른 친구 만나고 노랑병아리 보고 싶어 개나리꽃 피는 집으로 달려온다.

이웃

요 며칠간 밤마다 앞집 2층 처마 밑에 있는 외등에 불이 켜진다. 그렇게 되면 더워서 열어둔 내 방의 작은 창문 틈으로 불빛이 비쳐 들어온다. 빛에 민감한 나는 잠을 설친다. 일부러 켜 둔 걸까? 켜진 것을 모르고 끄지 않아서 그럴까! 두 가지 이유 중 하나일 게다. 다음날 그 집 1층 주인댁을 집 앞 길에서 우연히 만나게 되었다. 외등 얘기를 어렵게 해본다. “불 좀 끄도록 세입자에게 이야기 해주면 안 될까요?”

그러나 그렇게 이야기한 이날도 역시 밤에 불이 켜졌다. 어떻게 저 불빛이 건물 사이를 뚫고 이렇게도 내방 나에게 비쳐드는지 참으로 희한한 일이었다. 전화번호를 알 수 없으니 사정을 전화로 이야기할 수도 없다. 어쩌랴! 하는 수 없다. 하루 더 참고 견뎌보는 수밖에…. 문을 닫고 커튼을 친다. 열대야의 더위와 짜증과 밤새도록 씨름을 한다. 예사롭게

켜둔 외등의 불빛으로 잠 못 들어 하는 사람이 바로 이웃에 있음을 한 번쯤이라도 생각이나 해 주었으면 좋으련만….

다음 날은 끄겠지라고 기대했으나 역시 그랬다. 날이 밝기만 하면 당장 찾아가 얘기를 해야겠다. 무슨 일이 있어서 그런지, 도대체 어떤 일이 있는지 사정이라도 좀 알아보아야겠다. 알고나 보자. 스트레스라는 말은 이럴 경우에 해당되지 않을까 싶다.

나름대로 고민하다가 대책을 생각해 본다.

대책 1, 불을 끄도록 당사자를 찾아가 사정을 얘기해 본다.

대책 2, 피치 못할 사정이 있다면 내방에 빛을 차단하는 커튼을 설치한다.

대책 3, 나 스스로 빛에 적응한다.

세 가지 중에서 어느 하나도 나에게는 참 어렵다. 이 집을 지은 후 지금까지 20여 년 간 조용히 잘 살아오고 있었는데 이게 무슨 벼락인가. 어느 날 갑자기 이런 일로 고민하게 되다니…. 내 집은 바로 나의 스위트홈 아닌가! 이 내방에서 어느 곳 보다도 밤에는 잠이라도 푸근히 잘 자고 쉬어야 할 곳인데도 이대로는 안 되게 되었다. 어떻게든지 해결해야만 한다.

잠을 설치고 아침에 목욕하러 나가는데 마침 그 집 가족인 듯 모두가 계단으로 내려온다.

"아! 좀 보십시다. 실례합니다마는 앞집에 사는 사람입니다. 밤에 저기 있는 외등 켜 놓으신 것 때문에 잠을 잘 못 잡니다. 하필 내 방에 똑바로 불빛이 들어오기 때문입니다. 빛에 너무 예민해서요. 꼭 켜 두어야 하나요?"

남자 주인에게 사정하듯 말했다.

"아! 네, 그래요? 사실 며칠 전 밤중에 누가 문을 막 두들기는 것 아닙니까? 그래서 도둑인 줄 알고 꼼짝 못하고 그날 밤을 지낸 후 방범용으로 켜 두는 것입니다. 그렇지만 어쨌든 알겠습니다.", "우리 여기는 도둑이 잘 없었는데 그랬었군요."

일단 얘기는 여기까지다. 이웃이라도 잘 못하다간 사소한 문제가 큰 논쟁으로 발전하는 것을 남의 일 같이만 듣고 보고 해 왔었다. 그래서 할 이야기가 있어도 오해할 소지가 있어 보인다면 이야기하기가 참으로 망설여지게 된다. 어떻든 내 사정을 얘기라도 해놓고 보니 기분이 가벼워진다. 3일 간이나 온 밤을 그렇게 어렵게 했었는데, 서로의 의사를 주고받았으니 모든 일이 잘 된 것 같다.

요즘은 이웃이라도 누가 사는지 잘 모르는 경우가 많다. 금방 이사 가고 이사 오니 언제 인사치레라도 할 겨를이 없다. 사람이 살다보면 갑작스레 어려운 일이 생길 수도 있다. 이웃이 좋으면 서로 믿고 의지할 수도 있고 마음 한편으로는 든든하기도 하다. 어떤 사람은 이웃이 좋아서 가야할 이사를 미루고 그 곳에 아예 붙박이가 되어 살기도 한단다.

어려움이 있으면 서로 얘기해서 같이 알고 같이 나누고 같이 걱정해 주는 그런 이웃은 옛날이야기인가. 그런데 오늘은 달랐다. 손을 내밀면 따뜻하게 잡아 줄 그런 이웃이었구나라고 느낄 수 있었다. 이웃은 역시 가까운 이웃사촌 아니던가.

레시피

할머니 네 분이 동네 식당에 모여 큰 음식상에 둘러앉았다. 팔순을 모두 넘긴 전업주부로 자식들을 다 키워내고 농사일을 하면서 살아오신 분들이다. 점심으로 오리 주물럭 한 마리를 시켰다.

식당 종업원이 가스레인지 위에 불판(프라이팬)을 얹어 놓는다. 그러고는 그 주위로 몇 가지의 밑반찬을 차려준다. 오리고기를 불판 위에 올려놓고 스위치를 몇 번 딸깍딸깍 돌려 불을 붙여 주고 나간다.

할머니들의 이야기가 시작된다. "고기위에 뚜껑을 덮어야 한다.", "안 덮어도 된다." 한마디씩 하신다. 노련한 솜씨의 할머니 한분이 요리집게로 고기를 뒤집기 시작하는데 "어허, 그러면 안 된다. 좀 더 있다 해야 된다.", "불이 세다 좀 낮추어라." 그러는 사이 고기는 또닥거리며 타기 시작한다. 이번에는 점잖게 앉았던 할머니가 다급했다. "어~ 탄다, 타.

어서 먹어봐라." 그 말을 받아 젊은 할머니가 커다란 요리집게로 타고 있는 듯한 고기를 집어서 여기저기 야채 조리개(샐러드) 위에 얹어주기 바쁘다.

그러나 얹어준 고기는 곧 식어서 굳어버린다. 그런 고기는 제 맛이 나지 않을 것 같다. 빨리 안 먹으면 타는데 그렇게라도 하지 않으면 어찌하랴. 금방 말라서 마른 멸치 같아 보인다. 불판을 바꾸자고 한 할머니가 의견을 낸다. 전문가들의 한마디씩에 한동안 이래야 좋을지, 저래야 좋을지 옆에서 듣고 있던 내가 혼란스러워 진다.

평생을 살아오시면서 경험에서 우러난 전문가적인 음식 만들기에 관록을 지닌 분들이다. 요리에는 모두 전문가들이라 각각의 의견을 잘 모으면 맛있는 요리가 될 것이지만 기대와는 달리 이상한 요리로 만들어지고 있는 것 같아 보인다.

살다보면 내 경험과 달라도 다른 사람 경험이야기를 잘 들어주는가 하면 주장을 완고하게 고집하는 경우도 있다. 그러다가 결국 조율되어 이웃친구로 돌아간다. 한 동네에서 평생을 살아오신 분들이다. 맛있는 음식을 했을 땐 서로 나누어 먹던 이웃사촌들이었다. 이젠 한 번씩 모여서 서로의 경험을 나누고 정담도 하며 여유를 가지면서 즐기는 이웃문화로 바뀌고 있다. 어떤 이야기든지 그 이야기에는 일리(一理)가 있을 것 아닌가. 그걸 받아들이면 또 다른 간접경험이 되어 알고 있는 경험과 지식은 더 발전하고 더 풍부하게 재생산 될 것이 분명하다.

그러나 우리는 보통 한 쪽, 한 부분만 보고 경험하여 그것이 그대로 옳다고 생각해버리는 경우가 많다. 너도 옳고 나도 옳다. 한 가정의 식생활을 혼자서 떠맡다시피 평생을 살아오신 우리시대의 작은 주인공 할머니들이다. 존중받아야할 우리 모두의 작은 이야기들이다. 할머니들을 비롯해서 음식 만드는 경험 많은 전문가들이 곳곳에 많이 있다. 그 만큼 더 맛있는 요리를 만들어 먹을 수 있는 바탕은 잘 마련되어 있는 셈이다.

외로운 이웃 할머니들이 모처럼 밖에서 모여 드시는 점심 한 끼의 외식기회가 오순도순 즐겁고 건강하게 끝나기를 바랄 뿐이다.

배려와 사랑의 가족이야기

- 김태두 동화 무지개성 이야기를 중심으로

무지개성 이야기는 평생을 초등학교 어린이들과 같이한 김태두 교장 선생이 심혈을 기울여 쓴 여섯 번째 동화집이다.

책을 읽다보면 무지개성을 만들고 그 속에서 살아가고 있는 성주의 딸 여욱이를 중심으로 가족이 서로 이해하고 도와가며 아름답게 생활해 가는 가정 이야기가 잔잔한 감동을 준다.

지은이는 '여성과 남성, 진보와 보수, 젊은이와 늙은이, 도시와 시골, 남과 북, 종교의 차이, 지역 간의 차이, 취미의 차이, 성격의 차이 등 서로 이해하지 못해서 많은 다툼이 일어난다고 이야기한다. 또, 서로 다름을 인정하고 포용함으로서 하나가 되고 튼튼한 우리가 된다'고 말한다.

'무지개성 이야기'는 무지개성을 만들고 생활해 가는 동화 속의 동화 같은 이야기로 전개된다. 독자로 하여금 무지개성에서 마치 함께 살아가는 것 같은 착각이 일어나게 한다. '무지개성'은 주인공이 이름 지은 아름다운 '동화의 집'이다. 독자를 동화 속으로 끌어 들이는 흡인력이 그만큼 강한 책이다. 이런 동화 같은 집에서 대화를 통해 갈등을 해결해 가며 아름답게 살아가는 이야기는 바로 우리 가족과 이웃의 이야기가 아닐까 한다.

가족이 일곱이라서 지어진 무지개성이리라. 아니면 무지개 7색깔을 따랐는지도 모른다. 성주, 왕비마마, 공주도 그럴 듯하다. 가족 간에 벌어지는 갈등과 기쁘고 슬픈 이야기가 흥미롭다. "그래도 그러는 게 아니에요.", "그게 예의에요." 이렇게 아버지와 어머니가 티격태격 다투기도 하지만 서로의 이해를 통하여 곧 평화롭고 화목해진다. 이야기를 따라가다 보면 '죄는 미워하되 사람은 미워하지 말라'는 등의 교훈들이 종종 나온다. 읽어가는 동안 자연스레 배우게 된다. "그래, 여욱이의 책임감은 훌륭해. 역시 우리 여욱이는 내 딸이야!" 여기에서도 보듯 여욱이는 아버지가 해주시는 격려와 칭찬이 얼마나 고마웠는지 모른다고 했다. 그러다가 깊은 밤 조용한 틈을 타서 찾아온 별님과 펼쳐지는 이야기가 아기자기하고 흥미를 더해간다.

여욱이와 가족 간 또, 다른 친구들과의 관계를 이해해 가는 이야기를 통해 공감하고 배려하는 마음들이 독자 자신도 모르는 사이에 무럭무럭 자라날 것이라는 생각이 든다.

'나는 무지개성에 사는 성주의 딸 여욱이'라고 먼저 자기소개를 한다. 요정을 물리치고 그 속에서 전개되는 이야기, 아버지의 소원을 생각하며 착하게 살아가려고 노력하는 주인공이 할머니의 눈물, 할아버지의 비밀 등 끝내는 무지개성으로 돌아간다고 잠깐 기다리라고 하는 줄거리로 이어지며 이야기는 재밌고 흥미로움을 더해간다. 이 글을 읽는 동안 자신도 모르게 '무지개성에 살고 있는 것' 같게도 느껴지고 '아니야, 동화 속의 이야기인데 뭘' 하면서 객관적으로 바라보는 입장이 되기도 한다. 그러는 동안 훌쩍 커버린 아름다운 마음씨의 소유자로 바뀌어져 가리라. 또, 서로를 배려하고 아끼며 이해하려는 가족 간의 따뜻한 정을 흠뻑 느끼게도 될 것이다.

이야기는 어느 듯 할머니의 이야기 주머니로 옮겨 간다. 그 주머니에 들어있는 할머니의 이야기를 통해 아이들에게 삶의 지혜를 길러주고, 말하는 태도와 예절을 가르쳐주면서 따뜻한 이야기 속 분위기로 자연스럽게 끌어들인다. 계속해서 꿈 이야기를 통해 아이들에게 꿈과 희망을 길러준다. 이야기하는 질서와 방법도 자연스럽게 알도록 깨우쳐준다. 참으로 아름다운 가족 간의 배려와 그 광경이 몸으로 느껴지는 분위기와 표현들이다.

"그날 저녁 보름달은 휘영청 밝게 무지개 성을 비춰주고 있었습니다. 창문을 기웃거리던 달님은 나를 그냥 방안에 두지 않았습니다. '얘, 밖으로 놀러 나와!' 나는 달빛에 이끌려 마당으로 나섰습니다. 달님은 온 마을에 은빛가루를 뿌려놓고, 나를 기다리고 있었습니다. 또, 뒤뜰에서 할머니가 물을 떠 놓고, 손을 비비며 기도하는 소리도 있습니다. 여욱이는 할머니, 그리고 어머니의 말을 통해 따뜻한 마음을 느낍니다."라고 하는 가족 간의 정이 이렇게 나타난다. 여욱이도 할머니가 건강하게 오래 사시도록 기도를 드린다. 그런가 하면 아버지께서는 "일을 하면 몸이 건강해지지만 마음도 즐거워지지."라고 하시면서 모범을 보여준다.

내가 워낙 공부를 잘하니까 선생님까지 "야, 여욱이 머리 한번 만져보자. 이 머릿속에 공부가 다 들어 있는 모양이지"라고 칭찬을 해 주시니 여욱이는 '내 짱구머리는 부끄러움이 아니라 자랑'이라고 생각하게 된다. 이 동화를 읽게 되는 어린이들은 은연 중 외모를 극복해 나가는 짱구머리 여욱이처럼 공부 잘하고 칭찬 듣고 싶은 생각이 자연스레 들게 되리라 본다.

이야기가 중반으로 넘어가면서 어머니는 "도시로 이사를 가자."고 가족을 설득한다. 도시가 시골보다 좋다는 예를 들어가며 여러 가지 방법으로 가족 간의 동의를 얻어내려 한다. 이 과정에서 농촌과 도시의 차이를 알게도 한다. 여기에서 도시와 시골의 장단점이 다 나온다.

그러나 그때 '무지개성'에는 잔물결이 인다. 이 평화스러운 무지개성에 그만 민욱이가 병이 났다. 그런데 마침 독사가 부엌에 나타난다. 민욱이의 병을 낫게 하기 위해 '독사에 물려야 한다'는 이웃집 철이 할머니의 이야기를 듣고 민욱이를 뱀에 물리도록 이웃집 철이 아버지께 부탁을 해서 일어난 일이다. 뱀에 물린 민욱이는 한바탕 소란 끝에 병원에 가서 치료를 해야 했다. 어머니는 민욱이가 걱정되어 우연히 교회에 갔는데 여러 가지 얘기를 많이 듣고 교회에 다니기 시작한다. 하지만 무지개성에는 이사문제로 가족 간의 분쟁이 일어난다. 결국에는 오고가는 의견들이 이해되고 조율되어 조용해진다. 드디어 도시로 이사를 가게 된다.

여욱이는 새로 이사 온 집을 '금빛나라성'이라고 이름 짓는다. 이때부터 무지개성 가족은 금빛나라성 가족으로 바뀐다. 전학 간 학교에서도 새로운 친구가 많이 생긴다. 여욱이는 차차 도시생활에 적응해 가고, 무지개성은 점점 잊혀 져 간다. 그러나 할머니는 무지개성인 고향집을 잊지 못하여 결국 시골로 내려가 혼자 살아간다. 얼마 후 연세가 많은 할머니를 금빛나라성으로 다시 모시고 온다. 할머니가 돌아옴으로써 가족들은 힘이 난다. 할머니도 차츰 적응해간다.

할머니, 아버지께서 간절히 생각하고 계시는 옛 고향집인 '무지개성'을 내가 어른이 되면 꼭 찾아드리겠다는 여욱이의 마음이 슬프도록 아름답다.

나의 길

여름방학, 한 학기간의 학교일이 일단락 마무리 되었다.

간편하게 차려입고 여행을 떠나기로 하였다. 버스를 타기위해 정류장 매표소에 들렀다. 바닷가 작은 집 안채 한쪽 벽에 걸린 액자의 '둘'이라는 시 한편이 눈에 들어왔다.

하나는 외로워 둘이랍니다
둘은 서로 사랑을 했더랍니다
슬픔도 기쁨도 함께 나누며
그림 같은 초원에서 행복하게 살았답니다.

외로이 걸려있는 액자 속의 짤막한 이 시가 왜 그렇게 마음에 와 닿았는지 모를 일이다. 몇 번을 읽었다. 읽고 또 읽어볼수록 이건 '나의 미래이야기'라는 생각이 마음 전부를 점령해버리는 것 같았다. 슬픔도 기쁨도 함께 나누며 살아가는 행복의 집을 마음속에 그려보았다. 나의 짝을 구해보고 싶다는 생각이 불현 듯 떠오르는 것이었다. 어떻게 보면 간절해지기까지 했다. 이 작자미상의 시로 말미암아 내 짝을 찾아보아야 겠다고, 그러면 지금까지의 내 생활양상이 꿈같이 바뀔 것이라는 그런 생각이 안개같이 아련하게 몸으로 배여 드는 것 같았다.

한 사람을 만나 사귐 끝에 결혼을 하게 된다. 오순도순 서로의 생각을 나누며 보충해가는 평범한 한 가정을 이루며 살았다. 이곳저곳으로 옮겨 다니며 아이들도 길렀다. 그러면서 나는 늦깎이 공부를 시작하였다. 공부를 마칠 즈음 이번에는 아내 차례였다. 부추겼다. 결국 원서를 내었고 아이들 기르랴 공부하랴 한동안 고생스러워도 잘 버텨나갔다. 그런 아내가 참 고마웠다. 고등학교부터 대학까지 방송으로 그렇게 마쳤다. 아내는 나의 공부를, 나는 아내공부를 뒷바라지하면서 서로 주고받으며 힘을 합쳤다.

목표를 세웁니다 두 손을 마주잡고
생각들 주고받아 힘 합쳐 사는 재미
그 속에 희망과 보람 웃음꽃을 피운다

서로 이야기하고 이야기를 들으면서 작은 문제라 할지라도 공통분모를 찾고 격려하며 해결해 가는 가운데 그렇게 세월이 쌓여갔다. 새로움을 찾아가며 무언가 하나씩 이루어가는 동안 세월 가는 줄을 몰랐다. 이때 이것이 아마도 우리의 스위트홈이 아니었던가! 이웃과 따뜻한 정도 나누고 주변 사람과도 사겨가며 나름 풍성한 나날을 보내었다.

그러는 동안 세월은 쏜살같이 흘러갔다. 검은 머리가 파뿌리가 되도록 이렇게도 해 보고 저렇게도 해 보면서 경험을 쌓고 지혜를 보탰다. 둘은 다정하게 손잡고 지천명(知天命), 이순(耳順)을 넘어 종심(從心)으로 치닫고 있다.

단풍나무 허리잡고
가분가분 오르는 길
소나무 발등 밟고
조심조심 내려오는 길
돌아보면 걸음걸음 고마운 길
생각하면 구석구석 미안한 길

-(차영미)

지나온 날들을 되돌아보고 고마웠던 일들, 미안했던 사연들을 생각해 보며 주어진 나의 길, 과정 하나하나를 마무리해 가야 하는 일이 남았다. 지난 경험을 바탕으로 또 다른 성숙된 경험을 만들어간다. 밀어주고 당겨주며 길고도 짧은 우리의 이 길을 오늘도 꾸준히 그렇게 걸어간다.

녹색 크레파스

요즘 퇴근하여 집에 오면 유치원에 다니는 막내의 이야기 듣는 것이 하나의 일과로 되었다. '둥근 해가 떴습니다.'라는 무용을 배웠다는데 제법 깜찍하게 두 팔을 머리 위로 들어 올려서는 둥글게 해 모양으로 만들고 무릎을 잘쏙거리며 재롱을 부리는가 하면 자기 짝지가 누구라는 둥, 선생님이 내 이름을 불러주시더라는 둥, 어제는 그 짝지를 집에 데리고 와서 도란도란 놀기도 하였다.

어떤 날은 간식을 아껴 먹다가 어느새 자기도 모르게 그만 다 먹어버리고는 집에까지 가지고 오지 못해 아쉬워했다. 엄마도 조금, 언니도 조금 먹어보라고 자기 손으로 떼어 나누어 주면서 으스대곤 했는데…. 하루는 8절지에 프린트한 주간학습 계획안을 받아와서는 자기 방 책상 옆 벽에 붙여 놓고 아무도 그 근처에 오지도 가지도 못하게 하더니 어느 날 어설프게 붙여 놓은 그 한 부분이 제 언니의 손길에 걸려 조금 찢어지고 말았다. 놀다 돌아온 막내는 그 찢어진 부분을 양손으로 누르고 서서는 닭똥 같은 눈물을 흘리고 있었다.

엄마 없인 밖으로 한 발자국도 옮겨 놓을 수 없을 것 같았던 막내가 이젠 "난 엄마 없이도 유치원에 갈 수 있다아~" 하고 으쓱거리는가 하면 새로 사준 자기의 노란 모자와 가방을 신주 모시듯 방 한쪽 구석에 모셔놓듯 놓아두고 보관(관리)하는 데에는 대견하기도 했다. 언제 자기 소유욕이 저렇게 강하게 있었던가 싶었다. 나는 그것을 보며 '이제 사회 초년생으로 시작하여 잘 자라고 있구나!'라고 생각하면서 행복한 웃음을 짓고 있었다. '그래 어서어서 튼튼하게 크거라, 엄마 아빠가 기대하는 그런 착하고 훌륭한 사람이 되거라!'

서른 살을 희끗 넘기도록까지 사회적 감투를 별로 써본 일이 없던 엄마가 막내의 덕분에 막내 반 자모회 회장을 맡고부터는 엄마도 제법 사회 참여를 한답시고 적극성과 그 열의가 대단하다. 이제 우리 집은 웃음과 활기가 생겨났다.

어느 날 조용한 이른 새벽, 밖에서 토닥토닥 소리가 나서 잠이 깼는데 나가보니 막내는 코가 빨개진 채 운동한다고 홀짝홀짝 뛰고 있는 것이 아닌가. 선생님이 "아침 일찍 일어나 운동도 하고 공부도 해야 한다."고 하시더라면서 "그렇게 해야 착한 어린이가 된다."는 것이었다. 추워서 웅크리고 있던 나도 몇 번 같이 팔짝팔짝 뛰어보고는 "자, 이젠 들어가자. 됐을 것 같아." 하면서 손을 잡고는 방으로 들어왔다.

선생님이 해 주시는 이야기가 아이들에게는 꼭 지키고 해야만 하는 이 세상에서 가장 크고 큰 약속이고 희망이었다. 바르고 아름답게 잘 성장하도록 북돋아주는 밑거름이요, 아름다운 꿈이 된다.

어제는 유치원 미술시간, 그림을 그렸는데 선생님이 크레파스를 가져오지 않은 민아와 같이 나누어 쓰라고 하셨단다. 엄마가 유치원에 가 보았더니 막내는 집이 있고 나무가 그 옆에 서고 하늘에는 노란 해가 떠 있는 그림을 그리고는 또, 커다란 구름 두 덩이를 그 옆에 그려 넣더란다. 제법 진지한 표정으로.

공부를 마치고 집에 와서는 민아가 녹색 크레파스를 어떻게나 많이 달구든지 그림을 그리면서도 내내 어떻게 쓰나하고 그것만 보고 있었다는 것, 정작, 자기는 새로 산 크레파스가 아까워서 색칠을 잘 못하는데 민아는 거리낌 없이 자기 그림에 막 문질러 대더라는 것, 24색 가운데 닳아서 반 토막이 되어버린 녹색 크레파스! 생전 처음 엄마가 사준 크레파스였다. 처음으로 자기 것으로 가져보는 크레파스다. 크레파스를 가지고 며칠이 지난 후 24색을 키 순서대로 늘어놓고 몇 번이나 뚜껑을 열고 닫고 확인하면서 만져 보기만 할뿐, 챙겨서 책상 안에 가만히 넣어두고는 자기 언니가 쓰던 부러진 헌 크레파스 토막으로만 그림을 그리곤 했었는데….

평소 집에서 언니 크레파스는 많이 보아왔지만 또 몇 번 써 보기도 했었지만 자기 것으로는 처음 유치원에 가져가본 새 크레파스였다. 그날 미술시간에 민아가 써서 짧아진 녹색 크레파스를 보면서 얼마나 마음

아팠을까!

"같이 나누어 써야지, 다 쓰고 나면 새로 사 줄 건 데, 그래야 착한 사람 되지. 괜찮아, 친구와 사이좋게 지내는 것이 얼마나 좋은데."

내 말에 막내는 겸연쩍게 웃으면서 들릴 듯 말 듯 말한다.

"그래도…!"

(『아태문학』 창간호 2016. 10.)

그때 심었던 아카시아

마산에서 부산으로 가는 고속도로다. 양쪽으로 푸른 숲이 끝없이 이어진다.

숲은 멀리 산 능선이 배경으로 되어 그림처럼 둘러싸여 있다. 간혹 잘 지어진 건물들이 숲속에서 나타났다가 이내 숲속으로 묻혀 버린다. 그곳은 다시 멀어져가고 새로운 장면이 연속된다. 숲을 보며 지나다 보면 그 속으로 빨려 들어가고 있는 것 같은 착각이 든다. 온갖 나무와 풀이 자라고 숲으로 덮여 있는 산과 들 사이로 내가 탄 차는 시원하게 달려 나가고 있다.

불과 50여 년 전, 우리의 산들은 대개가 민둥산이었다. 인구는 급속하게 불어나고 늘어나는 가족들의 먹고사는 문제가 큰 걱정이었다. 그 중에도 그날그날 식구들이 먹고 살아야 할 음식준비가 더 큰 고민이었다. 거기다가 땔감도 턱없이 부족했다. 농사짓는데 필요한 일소(牛)가 있는 집도 더러 있었다. 소를 부려서 논밭을 갈았다. 풀을 베어 와서 짧게 썬 볏짚과 함께 쇠죽을 끓여 소를 먹였다. 땔감으로 인해 산의 나무가 없어져 갔다. 나무가 잘 자랄 수 없는 환경이었다. 나중에는 잔디뿌리까지 캐고 긁어 와서 땔감으로 썼다. 그러다가 이것마저 고갈 되어 벌거숭이처럼 산들은 알몸을 드러냈다.

이때 조림사업, 사방사업이 전국적으로 일어났다.

우선 빨리 자라는 나무라도 심어 땔감부터 해결하는 것이 급선무였다. 아카시아 모종을 심었다. 인가(人家)와 가까운 동네 뒷산에서부터 새마을사업의 일환으로 조림사업이 시작되었다. 나무를 심고, 산사태가 나기 쉬운 산비탈에는 사방사업으로 싸리를 심었다.

동네 사람들은 10여 명씩 한 조(組)가 되어 마을 뒷산으로 괭이를 들고 나갔다. 논에 못줄을 치고 모를 심듯 긴 줄을 산 위아래로 치고 2~3미터 간격으로 줄지어 나무를 심었다. 대야에 물을 퍼 와서 뿌렸다. 이때 심은 수종(樹種)은 대부분 아카시아였다. 빨리 자라 땔감으로 쓰기 위한 최선의 선택이었다. 뿐만 아니라 오리목도 심고 리기다소나무도 심었다. 리기다는 척박한 땅에서도 잘 자란다고 했다. 윗부분을 잘라내어 땔감으로 써도 새순이 나와서 계속 자라는 나무다. 그때 산들은 나무와 풀이 어떻게나 없었던지 비가 조금만 와도 흙탕물이 도랑을 차고 넘쳤다. 그러니 홍수가 나고 산사태도 자주 났다. 쏟아지는 빗물을 머금어줄 나무와 풀이 절대적으로 부족한 때문이었다. 불어나는 식구에 더 많은 땔감이 필요한데 10년~20년 동안 나무가 자라도록 기다리고 있을 수만은 없는 현실이었다.

하루 종일 줄지어 구덩이를 파고 풀을 베어 모아 만든 퇴비를 넣고 나무를 심으면 노동력에 따라 증표(토큰)를 받았다. 대략 1주일 간격으로 정해진 날에 가족단위로 모은 토큰을 가지고 가서 밀가루를 받아왔다. 그렇게 받아온 밀가루를 먹을거리로 만들어 끼니로 때울 때가 많았다. 그때 지겹도록 많이 먹었던 밀제비(수제비)를 지금도 잘 먹지 않는다. 보는 것조차도 싫을 때가 있다.

차츰 살기가 나아지면서 농촌에도 연탄을 사용하는 가정이 늘어났다. 석유를 1~2되 사와서 연료로 사용하고 끼니를 준비하는 가정도 생겨났다. 연료혁명이라 할 정도로 땔감이 바뀌어갔다. 얕은 산들은 그때 심은 속성수(速成樹) 등으로 녹음이 짙어지게 되었다.

한참 세월이 흘렀다. 이젠 나무를 땔감으로 사용하는 시대는 거의 지나갔다. 농촌인구가 급속히 줄어들고 생활수준은 엄청나게 높아졌다. 그때 땀 흘려 심었던 아카시아, 오리목, 리기다소나무들이 울창하게 우거졌다. 명절날 조상님 산소에 성묘를 하러 가서 보았다.

"참, 아무짝에도 쓸모없는 아카시아, 저걸 왜 심었을까. 쯧쯧, 산을 버려(망쳐)놓았다."라고들 한다. 그 말도 일리는 있다. 하긴 그렇기도 하다. 그 당시 땔감문제가 얼마나 심각했는지 잘 모른다면 그보다 더한 비난을 할 수도 있다. 이해가 되지 않을 것이다.

오늘의 일도 세월이 흐른 후에는 "왜 이렇게 되도록 놔두었을까? 왜 저런 쓸모없는 짓을 했을까."라는 말이 부메랑 되어 돌아오지만은 않아야 할 것인데!

손잡고 가자

2013년 ○월 ○일 10시에 촉석루 삼장사(三壯士) 동의순절(同義殉節) 제공(諸公) 7주갑(周甲) 추모제(追慕祭) 및 기념식이 전남 화순군 화순군민회관에서 120여 명의 관계 씨족과 많은 내외귀빈이 참석한 가운데 성황리에 열렸다.

절차에 따라 1부와 2부로 나뉘어 진행 되었는데 먼저 제1부 추모제는 10시 정각, 제례음악이 연주되는 가운데 전통적 제례로 장엄하게 거행되었다. 이어서 제2부 기념식에서는 KBS 광주방송국 최○○ 前 방송실장이 사회를 맡아 그때그때 절차 등 상황설명과 더불어 식을 엄숙하게 잘 진행함으로써 기념식을 더욱 빛나게 해 주었다.

이○○ 전 국무총리가 추도사(追悼辭)를 하고 삼장사 문중대표로 언양김씨, 장흥고씨, 해주최씨의 대표 인사가 있었다. 먼저 고씨(高氏)문중을 대표해서 前 문중 회장인 고○○ 박사는 "전쟁의 격전지였고 그 현장이었던 진주가 아닌 먼 이곳에서 추모제를 하게 된 것을 후손으로서 매우 송구스럽게 생각한다."면서 "삼장사의 훌륭한 구국충정의 본뜻을 기리는 추모행사를 더욱 빛내 나가자."고 간결하면서도 명쾌하게 인사함으로써 참석자들의 많은 박수를 받았다.

행사를 마치고 일행별로 최경회(崔景會) 장사(壯士)를 모신 충렬사(忠烈祠)에 들러 참배도 했다.

임진왜란을 당해서 왜군이 제2차 진주성을 대거 공격할 것이라는 소식을 먼 전라도에서도 전해 듣고 우리도 같이 싸워서 지켜야 한다는 의분들을 모아 진주성 방위에 목숨을 걸고 많은 의병들이 참여하였다. 결과 왜군의 조선 침략야욕을 꺾는 계기를 만들 수 있었다.

호남의 드넓은 평야, 한가롭고 평화로운 사람들, 나라가 잘 되기를 바라며 의(義)로써 살아가고 있던 어진 백성, 의병들이 하나 둘 모여들어 의병군을 조직하고 대열을 정비하면서 먼 경상도 진주로 달려갔다. 군사들이 탈 말을 내주고 식량을 모았으며 혹은 돈과 물자를 내놓는 등 나름대로 모이고 또 모아서 하나같이 분연히 털고 일어섰다. 국난을 당하여 가만히 앉아서 보고만 있지 아니하고 모든 것에 우선하여 난을 극복하려는 우리 옛 조상들의 구국정신이 깃들어 있었다.

촉석루 삼장사를 비롯하여 참여한 전라도 고씨문중을 비롯한 많은 의병 분들에게 고개 숙여 고맙다는 인사를 7주갑 해인 420년이 지난 그 계사년(癸巳年) 오늘, 새삼스럽게 추모를 드리는 것 같아 자랑스러운 반면 한편으로는 부끄럽기도 하였다.

본 행사를 빛내주기 위해 멀리 진주에서 '진주검무예술단'이 여기까지 달려와서 헌무(獻舞)를 할 때는 영호남 화합차원을 넘어 경상도와 전라도가 역시 한 이웃이고 형제였구나 하는 생각으로 가슴이 뭉클하기도 했다.

지역적으로 멀리 떨어져 있다 해도 이런 마음들이 하나같이 합쳐지고 발전하여 더욱 따뜻한 이웃과 형제로 손을 맞잡았으면 하는 마음으로 그리고 같이 손잡고 나아가기를 바라는 생각을 하면서 그 의로운 뜻 이어 나는 오늘 경건한 마음으로 이렇게 참여하고 있었다.

(2014.『수필문학』 10월호)

우산과 흰 봉투

갑자기 비가 내린다. 준비한 우산이 없어 시내버스 정류소까지 바쁘게 걸어가고 있었다. 갑작스런 비였지만 우산을 들고 가는 사람이 반은 되어 보인다. 저쪽으로 길을 건너기 위해 육교 계단으로 막 올라서려는데 지나가는 사람 중에 어떤 청년 하나가

"이 우산 쓰고 가십시오."라고 하며 나에게 내 민다.

뜻밖의 이야기를 들은 터라

"아! 네, 괜찮습니다. 고맙습니다."

사양하고 바쁘게 가는 데 글쎄, 빗방울이 점점 굵어진다. 가까스로 정류소까지 와서는 몸을 한 번 크게 흔들어 빗물을 떨어내고 버스에 올랐다. 빈자리를 골라 앉았다.

'그 청년! 자기 우산을 내게 줄려고 했던 그 마음, 나에게 우산을 주

고 자기는 그럼….'

'참, 그런 사람도 있었구나!'

오늘 쌓였던 스트레스가 일시에 풀려 날아가는 것 같다.

'이 우산 쓰고 가십시오.'

계속 생각나게 한다. 생각할수록 그 말, 오래도록 내 기억에서 지워지지 않았으면 하는 고마운 말이었다.

얼마 전 아내가

"이거 당신 가져요!"

5만 원 짜리 지폐 2장이 든 흰 봉투였다. 웬 것이냐고 묻는 말에 '오늘 하루 일해서 받은 수당'이란다. 평생 돈 한 푼 번 일이 없어 살림에 보탬이 되지 못한다고 지나가는 소리처럼 무심코 했던 말이 그토록 마음에 걸렸었나 보다.

아내는 40여 년 간 결혼생활에서 쥐꼬리만 한 내 월급에 의지하여 아이들 교육 뒷바라지하면서 살림을 꾸려 왔었다. 그리고 나를 야간대학을 거쳐 대학원까지 나오게 도왔다. 내가 한 집안의 장남인 까닭에 다섯이나 되는 시동생, 시누이 결혼 등 뒤치다꺼리를 하면서도 변변히 우리 집 한 칸 마련하지 못하고 먹는 것 입는 것 아껴가며 월세와 전세방으로 20여 년 간 식솔들을 끌고 다닌 전업주부였다.

예사로이 한 말, 다른 사람과 비교해서 별 생각 없이 했던 말이었었는데 평생 동안 마음에 그렇게 쌓여 있었더란 말인가? 그토록 그 말이 가슴에 사무치다가 이순(耳順)의 나이가 다된 오늘 처음 자기가 직접 일해서 받아본 수당을 덜렁 봉투째 꺼내 놓으며 하는 말이었다.

'이 돈, 내가 쓰고 싶은데 쓰라고 준 돈, 그토록 한 맺힌 이 돈을 난들 어디에 쓸꼬…. 어떻게 해야 하는가. 가족 모두의 규모에 맞는 식당에 가볼까? 아내가 좋아하는 고슬고슬하게 튀긴 닭튀김을 주문해서 먹을까? 케이크를 사와서 짝짝 손뼉 치며 촛불 잔치를 벌여 볼까? 가족이 모인 자리에서 무엇을 하는 것이 좋을지 서로 이야기를 나누어 볼까. 아니면 표구라도 해서 안방 벽에 걸어둘까!'

나로서는 내 마음대로 도저히 쓸 수 없는 돈이었다.

주위에는 어렵게 사는 사람도 많다. 조그마한 도움이 있어도 감동을 받을 그런 사람이 많다. 내 중심으로 생각하고 생활해 왔기에 잘 보이지 않았을 뿐이다. 좀 더 나누면서 살 수 있지 않았을까? 나 중심으로 살다보면 문제에 부닥쳐 어려움이 생길 때 대부분 남의 탓으로 돌려버리지나 않았던가! 그럴수록 오히려 쌓이는 스트레스는 더 많았을 터다.

뿐만 아니라 40년 넘게 바쁜 직장생활을 핑계로 우리 가정 가족분위기를 오직 내 위주로 만들어 놓았었다. 그렇기 때문에 지금까지 우리 가족분위기가 건강하게 조성되지도 못한 것 같다.

푸시킨의 말처럼 생활이 그대를 속일지라도 '이 우산 쓰고 가십시오.'라고 한 청년이 있는 한, 귀에 맴돌고 있는 그런 말을 기억하고 있는 한, 인간다운 인정이 우리 주위 곳곳에 잠재해 있음이 틀림없다. '이거 당신 가져요!' 처음 벌어본 돈, 내 손에 꼭 쥐어주고 싶었던 하얀 봉투가 있는 한, 그 청년의 아름다운 마음이 있는 한 결코 나는 어렵지 않다. 혼자가 아니다. 새삼스레 힘이 솟는다. 손바닥에다가 마음으로 이를 새겨 두기로 하자.

"이 우산 쓰고 가십시오."

"이거 당신 가져요."

우울할 때, 스트레스가 쌓였을 때, 손바닥에 새겨둔 말과 장면을 다시 떠 올려 보자. 그리고 분위기를 "확 바꾸자!"라고 하면서 손뼉을 크게 짱, 쳐 보자. 스트레스가 어떻게 되나 보자. 손바닥에 새겨둔 말을 생각하며 그 때의 분위기에 다시 한 번 빠져 보자.

(2014. 월간 『신문예』 사화집)

김장김치

나는 매운 김치를 좋아했다. 벌겋게 매운 김치를 손으로 쭉쭉 찢어 식은 보리밥 위에 덮어씌우듯이 척 걸쳐 한 입 가득 입에 밀어 넣고 우물거리면 콧잔등에 땀방울이 송골송골 맺히기도 했다. "어허, 어~ 허" 하면서 매운 맛을 맵게 참아가며 그렇게 먹었던 매운 김치 맛의 기억이 지금도 새롭다. 아마 이때 입맛이 그대로 각인되어 버렸는지 모를 일이다.

그 매운 배추김치가 있는 날이면 다른 반찬은 필요 없었다. 깡 보리밥이든지, 흰쌀밥이든지 고구마밥이든지 그건 문제가 아니었다. 그래서 그런지 1년에 한 번씩은 철따라 돌아오는 김장철을 기다릴 때가 많았다. 김장철 한 철만은 그 매운 김장김치를 먹을 수 있는 1년 중 거의 유일한 때였다.

어느 해, 그해도 어김없이 찾아온 김장철이었다. 직장에서 하루 일과를 마친 후 고단한 몸을 이끌고 집으로 돌아왔다. 저녁상 위의 큰 양푼이 그릇에 유달리 벌겋게 담겨진 배추김치에 먼저 눈이 갔다. 반가웠다.

"오늘 김장했는강?", "아니, 웃방(윗방)에서 했어요. 좀 먹어보라고 해서…."

먼저 침부터 꿀꺽 삼키고 저녁상 앞에 앉기가 바쁘게 김치 한 가닥을 쭉 찢어 밥숟가락 위에 올려놓고 덥석 입에 밀어 넣었다. 우물우물 씹는데 아니 이건 김치가 아니다. 김치가 이럴 수는 없다. 어떻게나 맵던지 눈물이 다 난다. 무슨 김치가 이렇게 맵담! 얼굴이 붉어지는가 싶더니 이내 콧등에 땀방울이 맺힌다.

"어허, 이렇게 맵다니 야, 참, 오랜만에 먹어보는 김치 같은 김치야. 어허, 좋다. 아이고 매워" 고추 먹고 맴맴.

그때는 요즘 흔한 청양고추가 나오지 않았던가 보다. 하기야 요즘 시장에 나가보면 김장꺼리용 고추가 종류별로 많이 나와 있다. 토종 재래종부터 햇볕에 말렸다고 해서 태양초, 이는 금값이라 하고, 쏘는 듯 하는 매운 청양고추, 풋고추를 주로 먹는 살이 깊은 오이고추, 가지고추, 멸치볶음용으로 주로 쓰이는 꽈리고추, 거기다가 아삭이, 파프리카까지 입맛대로다. 고추는 열대지방이 원산지인데 품종이 개량되어 현재는 100여 가지에 이른다고 한다. 별별 고추가 다 나와 있다.

며칠 뒤, 이번에는 우리 집 김장을 했다. 김장이라 해 봐야 배추 7~8포기가 전부였다. 먼저 윗방 주인댁에 지난번 답례용으로 1포기 갖다 드렸다.

다음날 들려온 김치소식,

"오늘 아랫방 선생님 댁에서 김장을 했는데 영감님 자셔보라고 1포기 갖다 주네요. 자셔 보세요." 했더니 "그래?" 하면서 자시다 말고 "아이쿠 맵다 매워. 어허, 이게 진짜 김치네. 허어 참, 오랜만에 먹어보는 김치다운 김치야 김치! 야아, 참 그 김치 한번 깨반~ 하다."라고 하시더란다. 뿐만 아니라 흐르는 땀을 연신 닦아가며 그렇게 잘 자시더라고 했다. "맨~ 천 날 우리 김치는 김치 같애야(같아야) 먹지. 닝닝~ 하여 김치가 김치라야 말이지. 오늘 처음으로 김치 같은 김치를 자알 먹었다." 하면서 고마워하시더란다.

매운 맛을 좋아하는 영감님은 그토록 매운 자기 집 김치는 김치 축에도 안 들어간다고 투정을 하시다가 우리 집 김치를 먹어보시고는 참으로 김치 같은 김치를 잘 먹었노라고 하시는 반면, 나는 '우리 집 김치는 김치도 아니다'라고 투정해 왔었는데 윗방 영감님 댁 그 김장김치를 먹어보고는 "이 김치가 진짜 김치"라고 탄복했다.

이를 어떻게 해석해야할지 난 아직도 잘 모른다. 나는 윗방 영감님 댁 김치를, 영감님은 아랫방 우리 집 김치를 진짜 김치라 하니….

내가 다음 해 영감님 아랫방에서 나와 멀리 이사와 버렸으니 윗방 영감님은 김장철이 되면 우리 집 김치 맛을 아직도 기억하고 계실까!

은주 이야기

어떤 학교 앞에서 울고 있는 다운증 여자어린이가 있었다. 하교시간, 다른 어린이들은 삼삼오오 집으로 돌아가고 있었는데 이 어린이만 여기서 울고 서 있는 것이었다. 얼굴은 눈물로 범벅이 되고 땟물에 얼룩져 있었으며 가방을 짊어진 채 한 손에 물통을, 다른 손엔 신주머니를 들고 집으로 돌아가는 길이었다. 많은 어린이가 그 옆으로 지나가고 있었지만 같이 가는 친구는 없고, 또 같이 갈려는 친구도 없어 보였다.

무엇이 자기 기분에 그렇게 맞지 않은 것일까? 5~6학년으로 보이는 여학생 몇 명으로부터 울고 있는 어린이가 김은주라고 하는 것, 4학년 5반이고 S아파트에 살고 있다는 것을 알게 되었다.

"너희들, 은주하고 잘 지내야 한다. 같이 다니고…."

"맨 날 울고 싫어 예. 바보고 예."

"그래도 어쩌니? 같이 잘 다녀야지."

며칠이 지난 지금, 혹시 길거리에서 울고 있을지 모를 은주 모습이 떠오른다.

문산에 있는 혜광학교는 장애아 교육의 전당(殿堂)이다. 지적장애 어린이, 지체부자유 어린이가 마음껏 웃고 뒤놀며 즐겁게 생활하는 곳이다. 은주가 다니면 좋을 그런 학교다. 70여 명 선생님들은 어떻게 하면 장애어린이들의 잔존능력을 최대한 계발하고 즐겁게 생활하게 할 수 있을까를 항상 연구, 생각하며 교육에 임하고 있다. 학교버스를 타고 어린이들이 등교하면 선생님들은 마중 나간다. 즐겁게 인사가 교환된다. 고개만 끄떡 하는 어린이의 등을 두드려주며 "그래, 안녕" 하는 선생님도 있다. 어린이는 기분이 좋아서 교실까지 뜀박질이다. 어떤 어린이는 선생님께 업혀서 교실까지 싱글벙글 가기도 한다.

교실에서는 한동안 선생님과 친구들의 지난 밤 얘기가 한창이다. 실내화를 새로 샀다고 자랑하는가 하면 칫솔에 이름을 써 달라는 어린이도 있다. 그저 선생님이 이름을 써 주고 확인해 주어야 안심을 한다. 물건이 개인사물함에 넣어지고, 그런 후부터는 자기의 조그만 영역(사물함)을 지켜나간다. 이렇게 시작되는 학교생활은 그들의 천국이다. 친구와 어울려 청소를 해 보고, 신나는 달리기도 해 본다. 노래도 부르고 글자도 익혀간다. 하교 버스를 타고 집으로 떠날 때는 선생님들이 같이 나가 손을 흔들어 준다. 그러면 그들도 손을 흔든다. 파랗게 펼쳐진 잔디 운동장은 내일 친구들을 맞을 준비를 하면서 조용히 하루가 저문다.

은주가 그 같은 슬픈 날을 오늘도 보내고 있지 않을까 생각하니 마음이 어두워진다. 어찌 은주뿐이랴! 팔다리에, 귀에, 눈에, 머리에 어느 한 곳의 무거운 장애와 함께 누구도 듣기 싫은 '바보' 소리를 들으면서 평생을 운명으로 살아가야 할 이들은 어떻게 보면 우리사회에서 가장 위대한 초인인지도 모른다.

은주를 울지 않게 해 주어야 할 텐데….

우리 사회가, 선생님들에게 기대를 건다.

2

도미노 같은 나의 하루

네트워크시대다.
어떤 결과에는 반드시 대응하는 원인이 있기 마련이다.
좋은 결과를 얻어내기 위하여
어떤 원인을 제공해야 하는 지를 항시 생각해 본다.
한 걸음 한 걸음 내딛는다는 것은
건강한 하루하루를 차곡차곡 만들어가는 과정이 아닌가.

웃는 연습

웃음! 웃자, 마음껏 크게 웃자, 웃어보자. 생각만으로 이게 그렇게 호락호락 잘 웃어지지를 않는다. 쉬울 것 같지만 사실 어렵기도 하다. 성격상, 얼굴 생김상, 외모상, 분위기상 필요할 때 웃음으로써 긴장을 풀고 여유를 가져보려 하지만 생각만큼 어디 그게 쉽지가 않은 일이다. 그러나 '웃어야 한다. 억지로라도 웃어보자.' 그러기 위하여 경험하고 보았던 몇 가지 우스웠던 일을 미리 준비해 놓고 수시로 웃는 연습을 해 보기로 했다. 재미있겠다 싶어 아무도 몰래 싱긋이 한번 웃어보았다.

사례 하나, 유진전자 - 무심코 자기 점포에 들어오다가 키보드를 고치려고 들고 서서 기다리고 있는 나와 마주치자 소스라치게 놀라며 "엇! 다~ 당신 누구야!" 얼떨결에 나도 그만 "억!" 하면서 깜짝 놀란다. 이럴 땐 웃지도 울지도 못하는 어중간한 상황이 된다.

사례 둘, 멀건 대낮, 보석상에 강도 - 보석상에 강도가 들었다. 덜미를 잡혔다. "보석에 눈이 어두워 아무것도 보이는 게 없었습니다요." 참으로 어이가 없다.

사례 셋, "아리끼리 한데요." - 유○근의 재판 증인심문에서 담당판사가 묻자 이럴 수도 저럴 수도 없는 궁지에 몰리니 얼떨결에 하는 말이었다.

사례 넷, 꽉 차게 태운 시골 만원 버스에서 어떤 사람이 멀미를 참지 못하여 안경 쓴 중년남자의 얼굴에 "어~ 어" 하더니 먹었던 음식물을 입에서 쏟아내었다. 순간 앉아있던 중년 남자의 안경과 귀가 한순간 모자이크 종이 가면을 쓴 것 같이 되었다. 이 어이없는 광경, 웃는 사람은 없고 이 낭패(狼狽)를 보는 사람들은 못 볼 것을 본 것처럼 얼굴을 찡그리기만 하고 있었는데….

사례 5에서는, 과거 학년 초, 한 때 초등학교 기초기본 질서 훈련을 했었는데, 눈 감고 방향전환 지도를 했다. 얼마 후에 "눈, 떠!"라고 했다. 누가 맞게 돌았는지 누가 틀리게 돌았는지 알 수가 없는 일이 벌어졌다. 서로가 서로를 쳐다보면서 멋쩍어 한다.

웃으면 복이 온다고 했다. 티비 개콘 프로가 있고, 웃찾사의 각종 모임, 웃으면 복이 온다는 방송 프로, 코미디 쇼, 뿐만 아니라 '웃으면 복이 와요.'라고 하는 책도 갖가지 나와 있으며, 밝은 미소를 생활화하자는 뜻에서 나온 스마일 배지가 있는가 하면 웃으며 즐겁게 식사하시라고 식당 간판에도 '웃으며 먹자'라는 글귀가 등장했다. 어쨌든 웃음에 관련한 글귀 하나라도 내걸어 놓고 보자는 거였다.

사례 6은 내가 하도 가래(痰)가 많이 나와서 동네 내과의원 전문의에게 상담을 했더니 먼저 가래검사를 해 보자고 한다. 다음날, 집사람에게 부탁했다. 내 가래를 비닐종이에 채취해 싸서 들고 갔었는데 대기실 안내 간호사가 무엇인지 궁금하여 "아니 그게 뭡니까?" 해서 "가랜데요." 하고는 미안한 듯 건네주고 도망치듯 뛰어나왔단다. 남편 잘 못 만난 죄라도 있는 걸까?

사례 7인데, 세 들어 사는 2층 아주머니에게서 문자메시지가 왔었다. "한글로 좀 보내주시면 안될까요?" 사연은 이랬다. 이제 막 돌 지난 꼬마가 엄마 폰에 들어온 메시지 신호소리를 듣고는 엄마가 하듯이 재빨리 답장을 띄웠다. 2층 세입자는 꼬마가 보내버린 이 문자를 받고 고민 끝에 보낸 메시지 답장이었다. 저장해둔 친척, 셋방, 유치원선생님, 엄마친구 등 전화번호에서 용케도 한사람을 선택해서 무심코 메시지 발송버튼을 눌러버렸던 것, 한글 자음 모음, 영어 대문자 소문자, 숫자, 기호 등을 이리저리 눌러 보냈던 것인데 무슨 말(뜻)인지 알 수 없어 이런 어이없는 결과로 나타났다나!

사례 8, 택배 온다고 엄마 폰에 신호가 울리자 두 살 된 꼬마가 잽싸게 받았다. "네 알겠습니다."라는 단축키를 눌렀다. 기가 막히는 우연이었다.

사례 9, 무심코 길을 걸어가는데 누군가가 할아버지, 할아버지라고 한다. 돌아보니 웬 남자어린이가 "이게 대머리라 하는데 예."라고 나에게

일러준다. 할아버지라고만 해도 기분이 별로인데 거기다가 대머리라는 소리까지 보태서 듣고 보니 고의한 일이로고, 씁쓸하다. 웃자!

사례 열, 병원 치과진료실. 나는 진료실 치료 의자에 반쯤 눕듯이 앉아 조금 후 다가올 치아 치료에 마음을 졸이며 의사 선생님을 기다리고 있었다. 칸막이 옆 치료 의자에서는 치료를 받고 있는 한 영감님이 의사에게 울먹이며 하소연한다. "아야, 아야, 짐치도 몬 씹어 예. 아이코 아야." 조금 후 "아, 아, 악, 아얏" 연이어 누구를 원망하듯 끙끙 앓는 소리를 낸다. 아들은 걱정스러운 듯 옆에서 정성스레 간호를 한다고는 하는데도. "아야, 아이쿠 아야." 계속 같은 말로 소리치며 울먹이고 있다. 파티션(partition) 칸막이 공간을 타고 영감님의 한탄과 원망스런 소리가 간간이 흘러나오건만 난 혼자서 웃음을 참고 있을 수밖에 없다. '김치를 짐치'라고! 이게 사실 더 우스운 거였다. 조용하고 긴장된 분위기에서도 나이 든 세대가 간혹 쓰는 우리지방 사투리 '짐치'를 생각하며 혼자서 계속 웃음을 참고 있었다. 한쪽에서는 아파 울고 다른 한쪽에서는 억지로 웃다가 참다가 욕(辱)을 보고 있다. 여기서 웃으면 안 되지, 그래도 킬킬킬! 때와 장소를 가려야지, 하지만 나도 나를 어쩌지 못한다. '짐치', 참 오랜만에 들어보는 내 고향 사투리가 그토록 우습다니….

여유로운 시간에 준비해둔 꺼리들을 간간이 떠 올리면서 마음을 편하게 가져보려는 훈련을 계속한다. 훗날을 위해서. 우선 마음을 풀어놓고 미소로부터 시작해서 그 짐치를 또, 떠 올려본다. 연습효과가 계속 누적되리라고 예상하면서 또 웃는다.

줄탁동시

걸을 때 계속되는 무릎 통증으로 병원에 갔다. 진찰 결과 연골이 닳아서 생긴 문제라고 한다. 조금 더 심해지면 퇴행성관절염!

3일 간격으로 물리치료를 받게 되었다. 온열치료, 레이저치료, 저주파치료를 받아 잘 회복 된다면 산에도 전처럼 오르고 배구, 탁구, 테니스까지도 상상하며 마음이 부푼다.

단계에 따라 10~15분 씩 치료를 받게 되었다. 이 동안 여러 가지 생각들을 해 본다. 상냥한 물리치료사를 만나면 그날은 운이 좋은 날이 된다. 치료사에 따라 치료효과가 크게 달라진다는 느낌을 받아서 그런가. 아마도 긍정적 치료 기운이 생겨나서 몸 안팎으로 퍼져나가 상승작용을 일으키는가 보다.

단계치료를 받는 동안 줄탁동시(啐啄同時)를 생각해 본다. 알 껍질을 사이에 두고 안에서 쪼고 밖에서 쫀다. 안에서 깨어져 나올 병아리가 준비 다 되었다는 신호를 보내면 어미닭은 그것을 감지하여 밖에서 쪼아준다. 이런 과정을 거쳐 21일 만에 병아리가 깨어져 나오게 된다. 그러나 안과 밖에서 신호를 보내고 쪼는 시간이 서로 맞지 않는다면 어떻게 될까? 안에서 깨어져 나오려는 병아리가 신호를 보내기도 전에 어미닭이 알 껍질을 쪼아버린다면…. 태어날 병아리가 한 생명으로 성숙하기도 전에. 그러나 준비가 끝나 안에서 신호를 아무리 보내어도 밖에서 어미닭이 이를 감지하지 못하고 쪼아주지 않는다면, 그래서 그 시기를 놓친다면 이때는 또 어떻게 되는가?

'소를 물가에 끌고 갈 수는 있어도 물을 먹일 수는 없다.', '칭찬은 고래도 춤추게 한다.'고 했다.

안과 밖이 일체가 되어야 한다는 얘기다. 안에서 내적동기가 충분히 일어난 상황에서 교육적(치료) 탁의 효과는 극대화 될 수 있다고 했다. 줄탁과 같이 발전의 결정적 시기가 있기 때문이다.

물리치료 시, 환자와 치료사의 관계는 어떠한가? 치료해 주는 사람과 받는 사람이 동시에 안에서 준비하고 밖에서 치료하는 시기가 맞아질 때 좋은 치료 효과가 나타나게 된다. 상냥하고 자상한 친절은 불안한 환자에게는 큰 감동이 된다.

나는 멀쩡하다가 환자가 되어 기분이 극도로 위축되어 있다. 무슨 죄를 지은 것 같기도 하다. 평소 건강관리에 좀 더 신경 썼더라면, 이렇게까지 되지는 않았을 텐데. 등산의 기본적이고 상식적인 '무리하지 않았어야 했는데…' 그 사실을 왜 진작 몰랐었던가. '건강은 건강할 때 지켜야 한다.'는 말이 새롭게 가슴에 와 닿는다. 뒤늦게 후회스럽다. 만약 잘못된다면 개인에게는 신체적으로 크게 어려워질지도 모른다. 하고자 하는 많은 일들을 그만 두어야 할는지 모른다. 그러나 이때 물리치료사의 말 한마디는 환자에게 큰 힘이 된다.

"지금 받으실 치료는 온열치료인데 근육을 풀어주고 활성화시키는 좋은 치료효과가 있습니다. 시간은 15분간입니다."

나는 다시 줄탁동시를 떠 올려 본다. 무리하게 사용했던 관절과 연골, 근육, 인대 등이 이제 제자리로 찾아들어가고 있다고 생각한다. 최선의 치료조건이 되도록 병아리가 밖으로 신호를 보내듯 내가 할 수 있는 한 최선을 다해 안에서 호응한다. 어느 듯 시간이 다 되어 레이저 치료순서로 넘어간다.

'뭉친 근육을 풀어주고 이완시켜 원상으로 회복시켜 주는 치료'라는 치료사의 설명은 환자의 마음을 편하게 해 준다. 나는 안에서 내가 할 수 있는 한 치료 호응을 열심히 한다. 시간이 다 되어 '띠디딕 띠디딕 ~' 타이머가 울린다.

다음은 저주파 치료다. 치료 팩을 무릎 양쪽에 붙이고 전기자극의 강도를 맞추어준다. 무릎을 둘러싼 근육에 자극이 찌릿찌릿 가해진다. 5종의 크고 작은 자극이 여러 가지 형태로 바뀌어가면서 치료가 계속되고 나는 뭉친 근육이 이제 부드럽게 풀어지면서 나아가고 있다는 생각을 하고 있다.

줄탁동시를 생각하며….

숲속 음악회

날씨가 꽤 덥다. 아스팔트길이 끝나고 바로 산길로 들어선다. 소나무와 오리목 사이로 길이 꾸불꾸불 이어진다. 땡볕은 피할 수 있지만 바람기 하나 없다. 흐르는 땀을 떨구며 숲속 길을 무겁게 올라간다.

시~ 이~, 지~ 오~ 매미가 반겨주지만 덥기는 매 한가지다.

시오시~~~ 실실시 칠칠칠 하다가 한 옥타브를 올리기도 한다. 씨오씨~~~ 씰씰씨 철철처~ 나는 걸음을 멈추었다. 여러 매미소리들이 동시에 들려온다. 소나무등걸에서도, 오리나무 껍질에서도, 밤나무 작은 가지 위에서도, 아카시아 가는 줄기에서도, 높은 곳 낮은 곳에서도. 좀 멀리서도 은은하게 협찬의 노랫소리를 보내온다.

까치가 짹짹~ 재잭 하면서 머리를 치켜들며 목을 쭉~ 쭉~ 뺀다. 뒤질세라 꾀꼬리는 꾹구 꾹구하며 분위기를 돋운다. 다람쥐는 나무와 나무

사이를 건너뛰며 놀다가 솔방울 껍질을 하나씩 톡톡 떨어뜨린다. 어느새 날아온 잠자리가 날개를 쭉 펴고 풀숲 이곳저곳으로 미끄러지듯 신이 나서 축하비행을 하고 있다. 예쁘게 차려입은 나비 한 마리가 나풀나풀 춤을 추며 맴돌다가 잠자리를 따라가기도 한다.

본무대 아래쪽에는 참싸리, 때죽나무, 초피나무, 달맞이꽃, 억새가 어우러져 또 다른 배경으로 되어 한판의 크고 장엄한 자연무대로 된다. 풀숲 사이로는 벌들이 부지런하게 이 꽃에서 저 꽃으로 윙윙 날아다니며 흥이 나고, 꼬불꼬불 휘어져 드러난 황톳길에는 개미들이 줄을 잇고 있다. 때때로 맑고 고운 산들바람이 작은 나뭇잎을 살래살래 흔들어 준다. 무대 위로는 뭉게구름이 피어오르면서 아름다운 하늘배경이 되어주고 나무와 풀들도 어우러져 소리 없는 장단을 맞춘다.

며칠 전 비가 내려 조그만 개울에는 졸졸 물이 흘러내린다. 비에 씻긴 아름드리 바위는 이끼를 몸에 붙이고 누워 잠에 겨운 듯 그대로 움직이지 않고 귀를 기울인다. 한낮의 숲속에서는 한바탕 자연음악회가 열리고 있다.

언젠가 친구 10여 명이 모였다. 바닷물 소금의 농도를 갖고 티격태격하던 어떤 모임에서의 일이 생각나서 씁쓸했다. 많은 화제 중에서 그동안 하고 싶었던 이야기를 가볍게 한마디씩 한다. "나는 혈압이 160을 넘었는데 지금까지 너무 짜게 먹었던 것 같아 아예 소금을 부엌에서 치워버렸어요. 그렇게 싱겁게 먹었더니 혈압이 정상으로 돌아왔더라.", "그게 아니라 사람이 소금을 안 먹으면 죽는다 죽어. 좀 알고나 해라", "맞아, 우리 사람의 원조상은 원래 바닷물에서 태어난 거야. 바닷물 소금의 염도가 3%인데 우리의 몸도 이 염도만큼은 맞추어 주어야 돼", "그건 그렇다 치고 바닷물에는 0.7%의 소금이 들어있어", "아니야, 0.3%의 소금이 들어있다", "그래서 우리 몸은 혈액의 염도를 바닷물 염도에 맞추어 주어야 되는 거야. 소금을 먹어야 돼. 염소를 키워보면 소금 주머니를 사료 통 옆에 달아 놓는 이유가 있는 거야. 수시로 소금을 핥아먹도록 말이지" 잘 못 말했다가는 창피하고 무안을 당할 것 같은 분위기가 되고 만다. 친구들 간에 이 무슨….

음식을 최대한 싱겁게 먹어야 혈압이 안정된다는 내 경험의 처음이야기가 바닷물 염도수치로 발전하여 갑론을박(甲論乙駁) 씨름을 하고 있다. 가벼운 환담인데도 불확실한 자기주장을 내세워 서로 지지 않으려고 하다 보니 분위기가 썰렁해지고 만다. 스마트폰 자료 검색을 해 보면 금방 답이 나올 일인데 그건 멀고 머릿속에 들어있는 자기의 오래된 기억만을 믿으려다가 친구 사이에 금이 가기도 한다. 나중에 집에 돌아가서 오늘 있었던 이야기 분위기를 어떻게 생각들을 할까.

숲속 음악회는 조용하고 드넓은 자연무대에서 여전히 계속되고 있다. 지휘자도 없다. 나는 그대로 화목한 이 숲속 음악회 한 장면을 이미지 사진 속에 담아 놓는다. (2010. 8. 6.)

도미노 같은 나의 하루

오늘은 날씨가 맑고 좋다. 이웃 정기시장(5일장)엘 갔다. 이것도 보고 저것도 보면서 나에게 필요한 것이 있는지 대충대충 훑고 지나다가 몇 십 년 만인가 싶은 중학교 한 후배를 만났다. 그 복잡한 시장바닥에서. 부근의 간이식당으로 잡은 손을 놓지 않고 들어간다. 술잔을 주고받으며 그간의 대소사에 이야기꽃을 피운다. 서로 아는 친구 이야기가 화제에 오른다. 이야기를 하다 보니 그 친구를 만나보고도 싶어진다. 다음에 연락하여 식사라도 같이 한번 하자고 하면서 헤어진다.

전기재료 하나를 사기 위해 철물점에 들어갔다. "카세트 전원선, 카세트 녹음기에 꽂고 벽 콘센트에 꽂아 연결하는 전원선 있습니까?"라고 주인에게 말한다. 그러나 내 설명에 대해 그게 무엇인지 서로 이야기가 통하지 않는다. 더 설명해도 귀찮다는 듯이 퉁명스럽게 "그렇게 아니라 그

카세트를 가지고 와 보라."고 한다. '번거롭게 어떻게 그걸 여기까지 들고 오나!'라고 생각하여 다시 설명을 한다. 더 이상 내 이야기는 들어볼 생각을 안 하는 것 같았다. 그 전원연결선을 어떻게 설명해야 할까! "아니, 카세트를 들고 다시 오라는 말입니까!" 어이없다는 듯 나는 퉁명스럽게 말했다. 카세트 녹음기 전원연결선이라 해도 안 되고, 온갖 손짓 몸짓 다해서 설명해보아도 안 된다. '어허! 그 간단한 전원선 하나 사려고 왔는데 말이 안 통하니 살 수가 없구나. 설사, 카세트를 다시 들고 온다고 해도 전원선이 여기에 없을 땐 또 어떻게 하나. 괜한 헛고생만 하는 게 아닌가!' 더 이상 안 되겠다 싶어 "네, 알겠습니다." 하면서 나왔지만 기분은 몹시 허허롭다. 나의 언변이 그렇게 부족했던가 하는 자괴감까지 든다.

다시 시장 골목이다. 이렇게 장꾼들로 꽉 찬 시장 길이었지만 직장에 있을 때 같이 근무했던 선배 여직원을 만났다. 갑작스러워 당황스러웠는데 만 원짜리 상품권이 몇 장 있었지만 그것 하나 꺼내어 손에 쥐어주지 못하고 얼떨결에 인사만 하고 헤어진 것이 마음에 걸린다.

다시 골목골목 쇼핑이 계속된다. 내가 좋아하는 밤고구마를 조금 사고, 바나나도 한 꼬투리(한 송이) 사서 봉지에 넣는다. 손에 들고 터덜터덜 집으로 돌아오다가 친척 여조카를 만난다. 그동안 가정사(家庭事)를 이야기하는 데 말투에 서운함이 묻어난다. 언짢은 기분이 되어 집으로 돌아왔다. 오늘 하루가 그렇게 지나간다. '계획, 시장, 후배만남, 식당, 철물점, 시장보기, 친척만남, 서운함, 집'으로 자그마한 기분의 호불호(好

不好)가 계속 연결되어간 도미노 같이 이어진 하루였다.

시장에 가지 않았더라면 아마 등산으로 또 다른 하루가 아니었을까. 승용차 내비게이션 수리하러 갈까, 이웃 시에 사는 외사촌을 한번 찾아가 볼까도 했었다.

다음 날은 가벼운 등산, 간단한 옷을 챙겨 입고 등산화 끈을 조였다. 건강을 체크해 가면서 포장길을 가벼운 마음으로 걸어간다. 기분이 가벼우니 마음도 가벼워진다. 그래서 그런지 더 즐거워지는 것 같다. 이어 소나무와 오리목이 우거진 숲속 길로 들어선다. 계단을 오르고 폰에 저장해 둔 MP3 음악을 듣는다. 길옆에서 꿩이 푸드덕! 갑자기 큰 소리와 함께 무겁게 날아올랐다. 아무도 없는 산길에서인지 깜짝 놀란다. 길옆의 의자에 앉아 잠깐 쉬면서 '메아리' 동요를 불러보았다. 3~40여 년 전에 5학년 내 반 아이들을 가르치면서 불렀던 노래다. 쉬엄쉬엄 걸어올라 어느 듯 산정상, 시가지가 발아래에 들어온다. 간단

한 운동을 하고 잠깐 쉬었다가 내려오면서 간혹 사람들을 만나면 가벼운 인사를 주고받는다. 집으로 돌아와 등산화 끈을 푼다. '등산계획, 등산시간, 포장길, 가벼운 기분, 숲속 길과 계단, 음악듣기, 꿩, 놀람, 길옆 의자, 운동, 산 정상, 만나는 사람들과 인사, 집'으로 돌아온 오늘 하루가 그렇게 작은 토막들로 이어져 있다.

하루의 시작이 중요했다. 층층이 쌓인 돌탑도 작은 돌 하나가 빠져나가면 다른 돌이 영향을 받아 서서히 무너져 내릴 때가 있다. 나의 작은 일 도막들도 하나하나 이어져서 서로 영향을 주고받으며 또 다른 나의 토막들을 만든다.

하루가 시작되면서 도미노처럼 작은 도막들이 차례차례 하나씩 연결된다. 그렇게 연결되면서 그와 관련된 다양하고 복잡한 문제들이라 해도 목표로 가는 수많은 과정들로 차곡차곡 쌓여 결국 해결되어지기도 한다. 내일은 또 어떤 새로운 하루가 전개 되어 갈 것인지. 이번엔 첫 시작준비를 더 잘 해 두어야겠다.

어떤 엿장수

지나가는 사람더러 엿 맛배기를 한 조각씩 떼어준다. 그것도 사람 봐가면서 골라가면서, 주고 싶으면 주고, 말고 싶으면 만다. 어떨 때는 좀 크게 어떨 때는 좀 작게도 떼어준다. 마음대로다. 일단 먹어보라고 하면서 맛부터 보이고 본다. 그러면서 소리쳐 관객을 모으는데 마음 내키는 대로 맛을 좀 보라면서 지나가는 사람들을 붙들고 있다. 흥을 계속 돋우며 하고 싶은 말을 내 뱉듯 거침이 없다. 지나다가 맛배기를 얻어먹고는 그냥 가질 못한다. 이때를 놓치지 않는다. 일단 호감을 갖도록 만들어 놓았겠다. 사려면 사고 말려면 말라는 식이다. 애초에는 사려는 생각이 없었던 사람도 슬그머니 생각이 바뀌어간다. 팔면 좋고, 못 팔아도 그뿐이다. 사도 좋고 안 사도 그만이다. 책임질 일도, 따질 일도 없다. 엿장수, 일 치고 이만한 일이 어디 있을까, 이만한 직업이 또 어디에 있겠는가?

규정대로 평생을 살아온 나는 이를 흥미롭게 보고 섰다. 시간 맞춰 출근하기 위하여 일어나는 시간, 직장 가는 시간, 업무 처리시간, 지역, 학부모관계, 동료관계, 퇴근, 가족과 함께하는 시간 등 빡빡한 일정으로 매일을 살아온 나의 생활 모습 아니던가. 뿐만 아니라 직장에 따른 규정이 있고 이에 따라 업무를 처리하고 추진해야 하며 실적을 내야하고 일의 질을 높이기 위하여 각종 연수회에도 다녀와야 한다. 어떻게 보면 노심초사 긴장된 생활의 연속이었다.

그 옛날에, 엿가위로 쨍그랑 쨍그랑 찰칵거리며 엿판을 지게에 짊어지고 이 골목 저 골목으로 다니는 엿장수를 흔히 볼 수 있었다. "엿 사이소(사세요) 엿! 못 쓰는 종이 쪼가리(조각)나 떨어져서 못 신는 헌 고무신, 빈병이나 쇠붙이, 고물, 비료 푸대(부대) 가지고 나오이소(나오세요). 맛있는 엿, 쫄깃쫄깃한 엿 바꿔 줍니다, 엿", "어허, 맛있는 엿 좀 사려, 엿! 우는 아이 뚝 그치게 하는 단방약이 왔습네다. 엿 사이소 엿", "입다가 떨어져 못 입는 삼베옷, 신랑각시 싸우다가 우그러진 양철냄비, 뿔라진(부러진) 비녀, 다 큰 처자(처녀) 머리 빗고 찡가둔(끼워둔) 달비, 막 가이고(가지고) 나오이소, 나와! 작년에 왔던 엿 장사, 올해도 왔습네다."

머리에는 수건을 둘러 이마에서 매듭을 지은 모습이 꼭 광대 같다. 어깨 들썩, 다리도 들었다 놓았다 하며 재미있게 웃긴다.

"엿 바꿔 가이소, 엿. 쨍그랑 쨍그랑, 울릉도 호박엿이 왔습네다. 맛있는 호박엿이요, 둘이 먹다가 하나 죽어도 모르는 단방엿, 호박엿이오,

호박엿", "어~ 허, 쨍그랑 쨍그랑 자알 팔린다, 자알…."

엿장수의 엿가위 소리를 듣는 아이들은 크나 작으나 가만있지를 못한다. 이것저것 주워 들고 뛰쳐나간다. 어머니가 급하게 뒤따라가서 "그건 너거(너희) 아버지 신는 신이다."라면서 빼앗아오기도 한다. 여기저기서 순식간에 아이들이 모여들고 엿장수는 더욱 신이 난다. 값어치에 따라 눈짐작으로 쾅쾅 철커덕, 엿을 뚝뚝 잘라 떼어준다. 잘 팔리면 덩달아 흥이 난다.

오늘날의 엿장수는 옛날 그 모습의 엿장수와는 많이 달라졌다. 춤도 없고 신나는 자작(自作) 노래도 없다. 귀에 익숙한 그 엿가위 소리 듣기도 어렵다. 돈 받고 엿 주면 그뿐이다. 어떻게 하면 더 많이 팔 수 있을까 그것만 생각하면 된다. 엿을 파는 자기의 생계(직업)에, 자기 일에 간섭하는 사람도 없다. 꼭 얼마치를 팔아야 한다는 목표도 없다. 많이 팔면 많이 파는 대로 적게 팔면 적게 파는 대로 좋다. "에~ 이~, 엿 사시오 엿, 맛있는 울릉도 호박엿이 왔습네다. 달달한 호박엿이오."

세상에는 직업이 많고도 많다. 없어져가는 직업, 새로 생겨나는 직업 등, 자기가 좋아하고 적성에 맞는 직업을 가진다면 더없이 좋다. 그런 직업을 찾으려 다닌다. 장사도 좋고 요식업도 좋다. 운동선수도 좋고 예술가도 좋다. 군인도 좋고 경찰관도 좋다. 공무원도 좋고 의사도 좋고 과학자도 좋다. 농업에 종사하는 사람, 어업·수산업에 종사하는 사람, 임업에 종사하는 사람, 상업에 종사하는 사람, 서비스업에 종사하며 봉사로 살아가는 사람 등 다양해졌다.

"엿 사시오, 엿, 맛있는 호박엿, 달달한 울릉도 호박엿"

"쨍그랑 쨍그랑 엿 장사(장수), 엿 한가락 못 팔고…." 심통한 아이들 노랫소리가 엿 지게 뒤를 따라 다닌다.

기 억

옛 친구들이 모였다. 옛날이야기다.

6학년 때 어느 날, 담임선생님께 이야기를 하나 해 달라고 우리는 입 모아 졸라댔다. 선생님께서는 우리들 성화에 못 이기셨는지 '묻혀버린 도시' 이야기를 해 주셨다.

베수비오 화산이 폭발해서 그 인근의 폼페이라는 도시가 화산재로 묻혀버렸다는 얘기였다. 그 후 그 때 묻혀버린 도시 폼페이가 우연히 발견되어 대대적으로 발굴하게 되었는데 몇 천 년 전의 도시가 본 모습을 그대로 드러냈다고 하셨다. 잘 짜여 진 계획도시, 원형공연장, 극장, 수도 등 상하수도 시설이 잘 정비되어 있는 외부 목욕시설과 목욕내부시설까지…, 고스란히 드러났다. 어떻게 이토록 훌륭한 도시를 건설하여 문화생활을 즐기며 잘 살 수 있었는지 참으로 신기한 일이라고 하셨다.

그런데 폼페이가 인도에 있다. 아니 이탈리아에 있다를 두고 모인 친구들의 의견이 엇갈렸다. "그때 분명 인도라 하셨다. 내 기억이 맞다.", "아니다, 나는 분명 이탈리아라고 들은 걸로 기억한다."

세월이 오래 흐르다보니 그 때 똑 같이 들었는데도 자기의 기억이 옳다고들 주장한다. 선생님께 같이 가서 물어 볼 수도 없다. 선생님께서는 벌써 돌아가시고 안 계신다.

아니면 말고라는 식으로 계속 자기 기억이 틀림없다고 주장을 굽히지 않는다. 여기서 물러설 수 없다는 식으로 되면 분위기가 자못 이상해지기까지 한다. 어떤 친구는 그런 얘기를 들은 일조차 없다고 한다. 모두 한 학년이 한 반뿐인 작은 학교여서 똑 같이 들은 데도 그렇다. 가까스로 얘기가 끝나기는 했지만 무언가 씁쓸했다.

이제는 스마트폰으로 문제를 당장 확인해 볼 수 있는 시대가 되었다. 봄베이(폼페이)가 어느 나라에 있는지, 베수비오 화산이 어디에서 불을 뿜었는지 검색해 보면 끝날 일이었다. 하지만 이야기가 나온 김에 자기의 자존심들을 세우려고 그러는지 흐려져 가는 기억력으로 갑론을박한다.

얼마 전 어떤 모임에서다.

한 친구가 먼저 운을 뗀다. 집 바로 옆 텃밭에 호미로 풀(잡초)을 뽑았단다. 다음 날 다시 밭에 가기 위해 호미를 찾는데 없었다고 했다. 아무리 찾아도 없더란다. 결국 텃밭에 나가보았더니 거기 있는 게 아닌가. 집에 있어야 할 호미가 왜 거기에 와 있는 지 신기해했다는 것, 그러자 한 친구가 받는다. 현관문을 열쇠로 열고 들어와서는 출입구에 걸터앉아 등산화 끈을 풀고 있는데 언뜻 보니 문이 잠겨 있지 않는가. 아니 문이 잠겨 있는 데 내가 어떻게 들어왔지? 그것 참 알 수가 없다! 들어와서 문을 잠갔지만 그것을 기억하지 못해서 생긴 혼란이었다. 다른 친구가 말을 이었다. 모임에 가기 위해 외출옷을 챙겨 입고 나왔는데 어디 갈 것인지 도무지 생각나지 않더란다. 다시 방으로 들어가서 벽에 걸어둔 대형달력의 날짜 밑에 메모해 둔 것을 보아야 했다. 그러자 한 친구는 이렇게 말한다. 식후 30분에 비타민 C를 한 알 챙겨 먹어야 하는데 잠시 화장실에 다녀와서는 먹었는지 안 먹었는지 도무지 생각이 나지 않아 구시렁거리면서 한 알 먹고는 아무래도 오늘 두 알 먹은 것 같다고 했다. 한 친구가 말한다. 모임에 참석하기 위해 급하게 나오는 바람에 가스 불을 끄지 않고 나온 것 같더란다. 안 되겠다 싶어 다시 돌아가 확인해 보니 잠겨 있어 안심했다라고 했다. 또 한 친구가 기다렸다는 듯이 한마디 한다. 폰(전화기)을 찾아 헤매고 있는데 "그것 손에 든 것은 뭐요?" 하는 아내의 얘기를 듣고는 민망하기도 하고 찝찝하기도 하고 아무튼 그렇게 집을 나왔단다.

때로는 사소한 일로 서로들 시비를 한다. 불확실한 기억으로 자기주장을 고집스럽게 할 때가 있다. 종종 모임에 가보면 우리는 "당신 멋져"라고 외쳐댈 경우가 있다. 때로는 "져 주며 살자"라고 건배할 때도 있다. 그러나 남이 져주는 것은 좋지만 자기가 져야할 때는 이기려고 안간 힘을 쓰는 경우를 본다. 시비를 해서라도 지기를 싫어한다.

치매인가. 건망증인가. 기억력 장애인가. 조금 더 심해지면 일상생활이 가능할 것인지 걱정되지 않을 수 없다. 스마트기기가 활성화 되면서 머리를 잘 사용하지 않아 기억할 일이 줄어들어 그런가. 여기다가 스트레스, 밤낮이 바뀌는 생활, 수면부족, 과로, 영양불균형이 겹치는 데 문제가 있는 걸까. 좀 전까지만 해도 어떻게 해서든지 보고 듣고 냄새 맡고 느끼고 말하는 등 오감을 통해 기억하려고 애쓰지 않았던가.

보일러 잡음소동

난방 가스보일러에서 발생하는 '우웅~'하는 잡음으로 잠을 제대로 잘 수가 없었다. 거의 하루 종일 순환모터가 돌아간다. 쉬지 않고 우웅하면서 짜증스럽게 도는 모터소리 때문이었다. 특히 밤이 되면 수면에 방해가 되어 퍽이나 고민스러웠다. 고통스러웠다. 그러다가 모터가 과열되어 타버리지나 않을까 하는 걱정도 되었다.

'관련 서비스센터에 상담하여 고치면 될 것인데, 아니면 사용설명서를 살펴보면 될 터인데 왜 여태껏 이 문제 하나도 해결 하지 못하고 시끄럽도록 그냥 놔두고 있었을까! 보일러 사용설명서(가이드북)를 찾아 해당 부분을 살펴보고 실내 온도조절기(리모컨)의 버튼을 적절하게 눌러서 원인을 확인해 보았으면 될 것이었는데'라고 생각했다. 그러면 간단히 해결 될 일이 아니던가.

그러나 정작 있어야할 설명서가 없다. 아무리 찾아보아도 나오지 않는다. 어디에 꼭꼭 숨어있는 것 같았다. 다른 가전기구 설명서는 차곡차곡 잘도 챙겨두었는데 하필이면 꼭 있어야할 보일러 사용설명서만 보이지 않는다.

할 수 없다. 보일러에 붙여놓은 서비스 안내 전화번호를 찾아내어 이런 상황을 전화했다. 곧바로 부근에 있는 R서비스 업체로 연결해 준다. 보일러가 얼지 않게 하기위해 그렇게 돌아가는 것이 정상이라고 하면서 좀 기다려 보란다. 이상이 아니니 그 정도는 참아야한다는 이야기처럼 들린다. 더 이상 도움 되는 말은 들을 수가 없을 것 같았다. 언제까지 이러고 있어야 한단 말인가! 어째 이 간단한 보일러 사용상의 문제 하나도 해결하지 못한단 말인가! 참으로 답답한 일이다. 밤새 잠을 설치니 신경까지 날카로워진다. 보일러 자체를 다른 회사 제품으로 바꾸어버릴까!

인터넷에서 가스보일러를 검색해 보았다. 몇몇 회사제품이 나와 있었다. 값은 제품에 따라 조금씩 차이는 있으나 대략 40~50만 원 선이다. 그렇지, 안 되면 새것으로 바꾸자. 7년이나 쓰지 않았나. 그렇게 생각하니 차라리 마음이 편했다.

보일러를 시공해준 설비사에 찾아가서 사유를 얘기하고 보일러 사용설명서가 없다고 하니 보일러 설치 후 외부 샤시 박스 위에 얹어두었을 거라고 한다. 덧붙여 순환모터 고장 같다고도 했다. 돌아와서 설명서를 다시 찾아보았지만 없었다.

난방온도를 80도까지 올려보기도 하고 50도로 낮추어보기도 해보았으나 소용없는 일이었다. 참 이상한 일이다. 어째 이게 이토록 안 되는 걸까. 난방스위치를 짧게 눌러 조절기를 꺼 보았으나 이것도 헛일이다. 이래도 안 되고 저래도 안 된다. 그야말로 시행착오식이다. 답답해서 보일러 본체의 전원플러그를 뽑아도 보았다. 모터가 꺼지고 보일러 전체가 작동정지 상태다. 물론 그 우웅 소리도 같이 꺼졌다. 다시 플러그를 꽂고 리모컨 난방버튼을 눌러 보일러 연소를 시켜보니 역시 그 우웅 소리를 낸다. 조절기에서 누를 수 있는 버튼은 모두 6개뿐이다. 버튼 2개를 동시에 눌러 조정하는 경우도 있기는 했다. 보일러가 고장인가. 작동방법의 문제인가. 모터는 여전히 우웅하는 그 잡음을 내면서 그치지를 않고 있다.

내가 고민하는 모습을 본 아내가 자기가 해 보겠다면서 나선다. 조절기버튼을 이리저리 누르더니 얼마 후 아, 그런데 이게 어찌된 일인가! 그 소리가 멈추지 않는가. 우연히 리모컨 오른 쪽 아래의 절약 버튼을 눌러 액정화면에 나타나 있는 시간표시를 4시간에서 3시간으로 바꾸어 본 것, 보일러의 그 잠 못 이루게 했던 우웅 잡음이 이렇게 해결될 줄이야…. 내가 다시 확인해 보기 위해서 보일러 난방 버튼을 눌러 보았다. 연소램프에 빨간 불이 들어왔다. 동시에 온돌 난방 표시가 나타나면서 연소가 시작된다. 10여 분 간 모터가 그 우웅 소리를 전에처럼 내며 돌다가 연소표시등이 꺼진다. 조금 후 우웅하는 그 소리도 멈춘다. 이게 정상이다. 정상을 두고 그토록 마음고생을 했나보다. 아내 손을 덥석 잡았다. 고마워서 한동안 말을 하지 못하고 있었다. 난 최근 거의 10여일을 고민 고생해 오고 있었는데 10분도 채 안되어 간단히 해결해버리다니, 아니 어떻게 이럴 수가 있는 것인가! 고마운 생각에 눈물이 다 날 지경이었다. 오, 나의 유레카! 아내의 손을 꼭 잡았다.

내가 차린 밥상

평소 반찬투정을 하는 편은 아니지만 요즈음 들어 반찬과 밥 때문에 마음고생을 하며 식사하는 경우가 많아졌다.

'어째 이리 맛이 없느니, 어떤 때는 반찬 수가 왜 이리 적느니로부터 시금치를 이렇게 팍팍 삶아서 비타민 파괴가 다 되어버린 빈껍데기만 먹도록 해야 하는가, 왜 기본적인 ABC도 모르는고?'

고추를 된장에 찍어먹고 눈물을 글썽이며 "엔간히 매워야 먹지! 매운 것을 좋아하는 나지만 원, 이렇게 매워서야, 목과 위장이 이다지도 쓰리다니!"라고 하며 원망스럽게 눈물을 글썽였다. "왜 미리 맵다고 말을 안 했느냐?" 거기다가 밥이 질 때는 "좀 고슬고슬하게 할 수는 없었는가?" 될 때는 또 "왜 이렇게 고두밥처럼 이가 아플 정도로 된 밥을 했을꼬? 평생 밥을 해 왔으면서 이렇게 밖에 하지 못하는가?"

그런 어느 날, 아내는 친구들과 며칠간 해외여행을 갔다. 할 수 없이 내가 저녁밥을 짓게 되었다. 기회다. 밥을 잘 지어 보아야지, 멋지게 밥을 지어 먹어보자!

먼저 쌀을 담아놓은 플라스틱 통 뚜껑을 서툴게 열고는 계량컵으로 1인분을 정확하게 떠내어 맑은 물로 씻고 또 헹구었다. 씻은 쌀을 털어내듯이 전기밥솥에 부어넣고 솥 안의 맨 아래쪽에서부터 물 양을 알려주는 계량 눈금에 맞추어 물 높이를 조절했다. 취사 스위치를 누르고 기다렸다. 준비 끝. 드디어 "백미취사가 완료되었습니다." 밥솥 어딘가에서 상냥하게 알려준다. 이제 냉장고에서 반찬을 꺼낸다. 뚜껑이 꼭꼭 닫힌 플라스틱 작은 반찬 통을 자개상 위에 꺼내놓고 보니 모두 9통이었다. 2인용 밥상인데 더 놓을 곳(자리)이 없을 만큼 그득하게 차려졌다. 밥을 퍼서 담고 반찬과 같이 다 차렸다 싶어 상을 들고 방에 들어와 먹으려고 보니 아, 불사! 밥이 얼룩덜룩 온통 진한 검은 색 일색이다. 이상하다 싶었으나 먹다보니 옛날 그렇게 가난을 탓하며 진절머리 나게 먹었던 깡보리밥 그 맛이 아닌가! 쌀에 보리쌀처럼 조금만 섞어 밥을 지어야 하는 잡곡이었는데 쌀은 넣지 않고 이것만으로 밥을 지었으니 쌀은 아예 없는 흑미(黑米)와 검은 콩이 잔뜩 들어있는 검은 쌀밥이 되고 말았다.

그러나 어쩌랴. 저질러진 일인데. 그나마 반찬 가짓수가 많아 그걸 위안으로 먹을 수밖에 없다. 이번에는 반찬이 또 희한하게 되었다. 대충 꺼내 차리다보니 전어 회 먹다 남은 초장이 있고, 쌈장으로 먹다 남은 젓갈도 있다. 고사리나물도 있고, 약간 오래된 듯한 새큼한 물김치도 있었다. 어이없다는 듯 혼자 웃다가 맛있다는 생각을 억지로라도 하면서 먹는다. 이렇게 첫 저녁식사를 다 하고는 물을 조금 입에 머금고 가글가글해 음식찌꺼기를 같이 우물거려 넘긴다. 내일 아침은 오늘 일을 거울삼아 맛있게 하얀 쌀밥을 지어먹어야지!

다음날 아침이 되었다. 아침밥을 짓는다. 1인분 눈금이 없어(잘못 봄) 대충 요량한 것이 물의 양이 적어 그만 실수로 이어지고 말았다. 고두밥이 되어버렸다. 어쩌나! 그러나 그렇게 두 번째 지어진 밥이었지만 그런대로 맛있다고 생각하며 먹는다. 다시 상을 들고 냉장고 앞으로 갔다. 남은 반찬을 넣어두어야 했다. 플라스틱 반찬 뚜껑을 퍼즐 맞추듯 짝을 찾아 꼭꼭 눌러 포개어 닫았다.

전에 학교 다닐 때는 자취를 오래 했었다. 그 시절 자취는 밥과 된장국, 간장, 김치가 전부였었다. 당시에는 냉장고 구경도 하지 못했던 시절, 그런데 지금은, 참 많이 달라져 있었다.

이제 설거지를 해야 한다. 싱크대가 내 키에 안 맞아서 그런지 허리는 또 왜 그렇게 아픈지 몇 번을 펴고 쉬어가며 수저 1벌과 빈 밥그릇 한 개만을 씻으면 되었는데도…. 다음은 냉장고에서 요구르트를 한 개 꺼내 마개를 뜯어 열고 물마시듯 홀짝 마시고는 방으로 들어간다.

보다가 설거지 하러 간 사이 TV의 '러브 인 아시아' 프로가 끝나가고 있었다. (2015. 『마음에 평안을 주는 시와 산문』 책나라)

선풍기 애환

꼭 38년 전, 둘째가 태어나던 해였다. 큰 맘 먹고 금성역풍선풍기 한 대를 샀다. 이 선풍기가 우리 집으로 들어올 때는 조그만 마을에 살고 있었는데 그때 마을 전체로 보아도 선풍기라고는 아마 2~3대 밖에 없었다고 생각한다. 내 월급이 12만원 정도였는데 선풍기 값은 3만원 이었다.

어찌나 신기하고 뿌듯하던지 사 온 그 날은 밤이 되어도 잠이 잘 오지 않았다. 저속 중속 고속, 역풍에 안면풍까지 일렬로 위치한 6개의 누름스위치에 타이머, 위아래 좌우로 회전할 수 있는 요동장치(搖動裝置), 높이조절기 등을 켰다 껐다 해보고 사용설명서를 꼼꼼히 읽어보기도 하면서 사용법을 익히고 주의사항을 새겼다.

그 후 7~8번 이사를 하면서도 선풍기는 늘 우리 가족과 함께 했다.

그러다가 가정용 전압이 220V로 바뀌었다. 110V 전용인 우리 선풍기에 승압트랜스를 구해서 선풍기 스탠드(밑판)에 집어넣고 고정하여 220V전압에도 사용할 수 있게 만들었다. 나의 손때가 구석구석 묻었다.

어느 날 선풍기 청소를 하고 망을 조립하다가 플라스틱 망조임 나사한 부분이 삭아서 떨어졌다. 고치기 위하여 전자제품 수리점 등 가볼 만한 곳은 어지간히 둘러보았지만 고칠 수가 없었다. 선풍기 AS센터에 망가진 부품을 들고 찾아가 보았으나 너무 오래되어 이런 부품 자체가 나오지 않는다는 것이었다.

우리 집 이 역풍선풍기는 40년 가까이 우리가족과 같이 여름을 보냈다. 여름이 와도 별 걱정이 없었다. 선풍기가 우리 한 가족으로 있었기 때문이다. 가장 낮은 단계의 저속 스위치를 눌러놓으면 나뭇잎이 흔들리는 정도의 이 미풍기능이야 말로 나에게는 다른 어떤 것보다 좋았다. 이 기능 하나 때문에 애지중지 더 가까이 하게 되었는지도 모른다. 그러면서 오랜 동안 우리 가족의 여름을 가까이서 지켜주었었는데…. 그러나 이젠 사용 불가능하게 되었다. 더 이상 고쳐 쓸 수가 없다.

물끄러미 선풍기를 바라본다.

그 더운 여름 날, 밖에 나갔다 돌아오면 먼저 선풍기 앞에 앉는다. 바람세기, 타이머, 회전, 역풍 스위치 등을 돌리고 눌러가며 더위를 식혔었다. 너무 오래 돌리다보면 우리 선풍기도 열을 받는다. 모터가 뜨거워진다. 그럴라치면 수건을 물에 축여 모터를 둘러싼 플라스틱 박스 위에 얹어 놓는다. 물 긷는 아낙네가 물동이 밑에 받치는 따바리(똬리)를 얹어

있는 모습과도 같다. 여름과 선풍기와 우리 가족이 더위와 씨름을 한다. 그렇게 여름을 보내었었다.

가을이 되면 비닐로 둘러싸서 다락에 넣어둔다. 다음해 여름이 오면 어느 것보다 먼저 꺼내어 먼지와 얼룩을 닦아내고 여름 맞을 준비를 해 놓는다.

느티나무 아래에서 부채로 더위를 식히던 때를 생각하면 참으로 격세지감이다. 여름이 오면 할아버지께서는 시장에 가셔서 부채를 한두 개 사 오신다. 그걸로 여름을 지낸다. 가족끼리 돌려가며 사용했다. 부채가 없을 땐 두껍고 빡빡한 종이조각을 얼굴 아래위로 흔들어서 더위를 식히곤 했다. 시원하게 부채질을 옆에서 누가 해줄 수 있다면 얼마나 좋으랴 생각할 때도 많았다. 그 당시에도 '부채처럼 바람을 일으키는 기계'라는 선풍기(扇風機)가 발명되어 나와 있기는 했다. 이젠 우리 선풍기 앞에 식구들이 모여 앉아 오순도순 즐겁게 식사도 할 수 있게 되었다. 더운 여름밤에는 타이머를 적절히 맞추고 저속으로 해 두면 나도 모르는 사이에 잠이 들곤 했었다. 귀한 손님이 방문할 때면 제일 먼저 선풍기부터 꺼내 놓는다. 이것은 잠시 동안이라도 땀을 식힐 수 있도록 하기 위한 나의 큰 접대가 되었다.

처음, 선풍기를 구입해야겠다는 생각은 몇 달을 두고 계획했었고 이리저리 망설이다가 결론은 선풍기 구입이었다. 결국 하루에 몇 차례 밖에 안 다니는 비포장도로로 시외버스를 타고 D시까지 가서 사서는 만원(滿員)버스에 선풍기 박스를 꼭 붙들고 싣고 왔었다. 처음 가져보는 우리

집 우리 선풍기였다. 아무리 더운 여름이라 하더라도 이 선풍기만 있으면 읽고 싶은 책과 쓰고 싶은 글을 얼마든지 읽고 쓸 수 있을 것 같았다. 가족끼리 오붓하게 둘러앉아 더위를 식히면서 하고 싶은 이야기도 터놓고 할 수 있지 않을까 싶었다.

세월이 한참 흘렀다. 애지중지하던 우리 역풍선풍기도 더 이상 고쳐 쓸 수가 없게 되었다. 이젠 에어컨이 다양하게 나와 일반화 되었다. 하지만 선풍기도 역시 필요했다. 그런 어느 날 우연히 초초미풍의 아기바람 선풍기 정보를 알게 되어 하나 구입했다. 얼마나 조용하던지 또 미풍이 좋던지 그렇게 간절했던 선풍기를 이제야 또 하나 갖게 되는구나 하는 기분으로 마음이 들떴다. 이리 만져보고 저리 만져보았다. 보고 또 보았다. 이젠 역풍선풍기에 대한 미련을 떨쳐 버려야겠다. 거의 반백년, 한결 같은 우리 선풍기였었는데 어쩔 수 없는 일이었다. 새로운 아기바람과 또 다른 선풍기 역사를 만들어 가야겠다.

시장구경

나는 시장에 자주 간다. 5일 만에 한번 씩 서는 ○○시장은 빠지는 때가 거의 없다.

장날이 되면 괜히 좀이 쑤신다. 어떤 재미난 새로운 볼(구경)꺼리가 있지 않을까 하는 그런 호기심이 나도 모르게 작동하는가 보다. 동네 밭둑에서 캐왔다는 돌나물을 소쿠리에 담아 놓고 좀 사가기를 기다리는 할머니가 있고, 화분에만 심으면 분재집 고가(高價) 작품쯤으로 보일 것 같은 춘란(春蘭)이 예닐곱 촉 한 다발에 2,000원이다. 깨소금 냄새가 고소한 참기름집 골목을 돌아 나가면 각종 소품자료가 차려진 리어카 진열판을 만난다. 뿐만 아니라 또 다른 진열판 위에는 가지각색의 작은 솔방울정도의 크고 작은 과자들이 사 주기만을 기다리고 있다. 평소에는 평범한 가게였으나 오늘 만은 한 몫 잡겠다는 각오다. 널찍한 판자 진열판

위에 차려놓은 각종 상품들은 장꾼들이 다가서기만을 기다리고 있다.

어떻게 하면 눈에 잘 뜨이게 할까? 어떻게 하면 손님의 호기심을 자극할 수 있을까? 온갖 지혜를 다 짜낸 것 같다.

이렇게도 놓아보고 저렇게도 놓아 본다. 깨끗하고 싱싱하게 보일 수 있도록 먼지도 닦아보고 물도 뿌려본다. 지난날 배우고 경험했던 모든 지식들, 미술시간에 배웠던 여러 가지 재료로 꾸미기, 국어시간에 모둠별 토의내용 요약 발표하기, 수학시간의 집합공부, 체육시간의 체력훈련, 사회시간의 상품의 유통과정, 과학시간의 생물의 재배관찰, 도덕 시간의 생활의 길잡이 등, 거의 모든 공부한 내용들은 생활의 기초기본이 되어 직업실력으로 그대로 나타나고 있는 현장이다.

지나가던 한 고객이 찾아든다. 흥정이 시작 된다. 제 값을 받으려는 주인과 좀 더 깎아보려는 손님이 지혜를 다 짜낸다. 마침내 가격이 적정선에서 형성되어진다. 시장에서는 경쟁이다. 경쟁만이 살아남는다. 잠시 후 사서 기분 좋고 팔아서 수지맞는 그런 거래가 이루어진다. 이게 시장경쟁논리 아닌가.

보고 섰다가 발길을 옮겨간다. 계속 많은 사람들을 만난다. 사람마다 어떤 옷을 입었는지 몸치장은 어떤지 참으로 다양하다. 또 어떤 말을 하는지, 어떤 인사를 나누는지 까지도 말이다.

평소에는 넓은 길이었는데 오늘은 좁기만 하다. 사람들 틈에 끼어 조금씩 밀려서 이동해 가기도 한다.

이번에는 한 바탕 소란스런 장면을 만난다.

사소한 문제로 싸움이 벌어졌다. 한사람이 술을 좀 과하게 드셨는가 보다. 말리는 사람이 있으나 좀처럼 싸움은 그칠 줄을 모른다. 여기서 끝장을 내려고 하는 것 같아 보인다. 잠시 발길을 멈추면서 구경하는 사람들이 몰려든다. 그러다가 얼마 후 화해가 이루어진다. 왜 싸울까. 무엇이 이들의 기분을 그렇게 상하게 했을까. 내가 저런 지경이 되었을 땐 어떻게 해야 할까. 해결책은 무엇인지도 생각해 보면서 또, 한 모퉁이를 돌아가면 그곳도 역시 같은 시장 골목이다. 길거리 간이 의자에 아무렇게나 편하게 앉아 쇠고기 국밥을 소주 한잔 곁들여서 맛나게 먹고 있다. 어떻게 저토록 맛있게 먹을까? 곁눈질하며 계속 나아간다.

변두리로 나오니 가지가지 들 것에 반찬재료며 생활용품이며 알록달록한 옷을 담아 들고 가는가하면 저만큼에는 예쁜 강아지가 시장바구니를 타고 눈을 굴리며 새로운 주인을 따라 떠나가고 있다.

이렇게 하루해가 저물고 사람들은 뿔뿔이 흩어져 간다. 시장의 다양성 속에서 크고 작은 많은 문제가 나타났다가 스스로 자정(自淨)되며 조용하게 어둠속으로 묻힌다. 5일 후를 기약하며….

베개

편하게 잠을 잔다는 건 누구나 바라는 일이다. 대체로 우리인생의 1/3은 잠으로 보내게 된다. 잠을 잘 잘 수 있다면 그동안 쌓인 피로를 풀고 심신의 안정도 갖게 될 것이다. 그래서 옛부터 '잠은 보약'이라고 하지 않았나.

나는 평소 크고 작은 고민과 고뇌를 잊고 '행복한 꿈나라'로 가 보자는 생각을 할 때가 많았다. 어릴 때 같이 놀던 친구를 만날 수 있고 하늘을 자유롭게 날아다니며 짜릿하게 너울너울 즐길 수도 있다. 평소 원하던 일이 감격적으로 이루어지는 꿈도 꿀 수 있지 않을까를 기대도 할 수 있겠기 때문이다.

나는 지금까지 잠이 있고 꿈이 있어 어려운 일을 견뎌 내기도 했다. 반면에 잠을 설치는 경우도 있었다. 꿈자리가 어지러울 때도 있었다. 평소에는 참으로 어려운 일이었는데 성공적으로 이루어지는 꿈을 꾸면 꿈이라 해도 어쩐지 기분이 좋았다. 옛 친구를 만나서 좋은 이야기에 빠져드는 꿈을 꾸면서 포근하게 잠을 잘 때도 있다. 어떨 때는 다시 더 자고 싶지 않고, 잠을 설치게 되는 경우도 있었는데 하룻밤 사이에 기분 좋은 곳과 그렇지 않은 곳을 왔다 갔다 하면서 보내는 일이 생기기도 했다.

잠을 잘 자기 위해서는 무엇보다도 먼저 잠자리가 편해야 한다. 자기는 잤는데 잔 것 같지 않을 때도 있다. 충분히 잘 자고 일어났을 때는 기분이 좋아진다. 그러기 위해서 잠을 잘 잘 수 있는 적절한 환경 즉, 분위기를 만드는 일이 무엇보다 중요하다고 생각했다. 그 중 베개는 잠자리의 한 중요한 요소가 된다.

어느 하루, 나의 취향 및 수면상태를 고려하여 가장 알맞은 베개 하나를 골라내어 보기로 하고 집에 있는 모든 베개를 한 곳에 꺼내 놓았다. 열 개가 넘는다. 이들 베개는 지금까지 머리만 단순히 받쳐주는 것이 아닌 잠과 건강을 위한 중요한 요소로 사용되어 온 것이 사실이다. 꺼내놓고 보니 높은 베개 낮은 베개, 딱딱한 베개 폭신한 베개, 향기가 솔솔 나는 베개, 숯과 옥돌 성분을 플라스틱 조각에 압축시켜(칩) 속을 채운 베개도 있었다. 이 세상에서 가장 편한 베개라는 e편한 베개도 있고 머리가 맑아진다는 메밀껍질을 넣은 베개, 또, 매실 씨로, 편백나무 조각으로 속을 채워 넣은 베개도 있었다. 외국여행 때 구입해온 라텍스 베개까지….

이 중 나에게 가장 알맞은 베개 하나를 골라내기 위해 2~3일 씩 차례로 직접 베어보면서 체험해 보기로 했다. 바로 눕거나 옆으로 누워도 편해야 한다. 베개의 높이는 코골이와 관련이 깊을 것 같아서 매우 중요한 요소가 될 것으로 보인다. 베개가 몸에 맞지 않으면 경추가 긴장되어 자고나도 뒷목이 뻐근하고 상스러운 꿈조차 많아져서 머리가 무겁기도 하다. 베개의 모양도 가지가지다. 넓적한 베개 좁은 베개, 동글동글한 베개 각진 베개, 베갯잇 색깔도 붉은 색이 짙게 베인 것, 푸른색이 연하게 감싸고 있는 것, 아름다운 무늬가 새겨져 있는 것도 있었다. 촉감도 베개마다 달랐다. 보송보송한 것, 단단한 것, 탄력이 있는 것도 있다. 또 대나무 겉 껍질부분을 얇게 깎아 만든 대베개, 소나무를 직육면체로 다듬어 만든 목침…. 베개피의 종류도 많다. 무명, 비단, 부드러운 천, 매끄러운 천으로 만든 것 등, 마지막 과정을 거쳐 선택한 베개는 잠과 건강을 위한 나의 유일한 건강베개가 된다.

요즘에는 상품화 되어 나온 베개의 종류도 다양하고 많아졌다. 사용부위에 따라 목베개, 허리베개, 무릎베개, 어깨베개, 팔베개, 다리베개, 포옹베개, 발가락베개까지. 뿐만 아니라 물베개, 삼각베개, 더블베개도 있고 대형 척추병원에서 많은 사례연구를 거쳐 제작한 값비싼 건강 기능성베개도 나와 있다. 베개 높이도 개인의 체형에 따라 남녀에 따라 보통 6~8cm정도로 제작되어 있다. 베개전문회사가 경추 모양에 맞추어 인체공학적으로 연구 적용하여 만든 경추베개, 라텍스베개, 메모리폼베개, 잠과 코골이 방지용 베개 등 기능성 베개까지 아주 많이 나와 있다.

이들 중 하나를 골라 좀 더 나에게 맞도록 수정보완을 했다. 경추모양으로 완만한 C모양이 유지되고 높이 7cm정도의 베개다. 속은 메밀껍질로 약간의 탄력을 줄 정도로 채워 다시 보충했다. 내가 고른 이 베개, 나의 베개, 나에게는 다른 어떤 베개 보다 좋다. 여행갈 때도 이 베개만은 챙겨 넣고 가야겠다.

3

기차여행

내가 타고 가는 기차는
오늘도 쉼 없이 달려가고 있다.
오늘 삶의 내 모습은 어제 삶의 결과가 아닌가.
오늘을 충실하게 최선을 다한다는 것은
내일의 나를 위한 준비가 되고
오늘의 보람이 된다.

세대의 연결

매미가 운다. 여름 내내 맴맴 매- 울어댄다. 운다고 하지만 사실은 암매미를 유혹하기 위한 애끓는 수매미의 몸부림일지도 모른다.

매미! 매미의 과거로 거슬러 올라가 본다. 알에서 깨어난 후 땅속으로 내려가 대략 3~7년을 굼벵이로 산다. 어둠 속에서 흙과 더불어 먹고 배설하며 그 나름의 삶을 살아왔다. 그러다가 어느새 그들 삶의 환경은 크게 달라진다. 땅 속에서 기어 나오면서 지금과는 전혀 다른 세상을 만나게 된다. 적절한 곳을 찾아 성충(매미)이 될 준비를 한다. 허물을 벗으려면 일정기간 참고 기다린다. 어른이 되기 위해 탈피를 해야 한다. 그런 후 지금과는 아주 다른 모습으로 세상에 나와 날개를 슬슬 펴 보고 말리며 몸 색깔도 변하여 조금 전까지와는 완전히 달라진 어른벌레로 된다. 이 마지막 과정을 거치고 나면 씰롱씰롱~ 노래하면서 하늘로 박

차고 날아올라 어딘가에 있을 유일한 짝을 찾아 나서기도 한다. 이제 굼벵이가 매미가 되었다.

매미, 그의 어미가 있다. 또 어미의 어미가 있고 그 어미의 어미가 있다. 위로 까마득한 오랜 세월동안 어미의 어미가 기적적으로 연결되어 있다. 그들의 일생 동안인 잠깐 이 한 세대 역시 세대연결의 한 부분으로 된다. 한 세대씩 위로 거슬러 올라가 보면 몇 백, 몇 억년까지. 참으로 긴 세대의 연결고리다.

태초의 이 지구상에 있던 무기물에서 조그마하고 단순한 유기물이 생겨나고 그것이 변화, 융합, 분열과정을 거치면서 첫 생명이 탄생한 후 진화가 거듭되었다. 그 어느 과정에서 지금과 같은 매미가 출현되었으리라. 그런 후 참으로 오랜 세월동안 한 종족의 역사가 환경에 변화적응하면서 계속 세대를 이어왔다.

매미만 그럴까? 우리 가까이서 흔히 볼 수 있는 바퀴벌레도 그렇고, 땅을 기어 다니는 개미도 그렇겠다. 꽃을 찾아 날아다니는 벌도 나비도 모두 그렇다. 약 40억 년 전 지구상에 최초의 단세포생물이 나타난 후 갈래갈래 개체 생물로 분화발달하면서 오늘에 이르기까지 각 개별 종족 단위로 세대에서 다음 세대로 계속 이어졌다. 어떤 종류의 세균(Clostridium perfringens)은 한 세대가 9분밖에 안 된다. 이 세균의 최초 조상이 태어난 30억 년 전까지 거슬러 올라간다면 세대수는 그저 아득해질 뿐이다. 그렇게 주위환경에 적응하면서 이어져 온 종족의 한 세대(매미)를 바로 앞에서 내가 지금 보고 있다는 것은 실로 경이롭기까지 하다. 그중

한 세대만이라도 빠졌었다면 어떻게 되었을까! 이렇게 볼 때 그 생물 종족의 맨 처음 조상까지 계속 거슬러 올라가다 보면 상상이 가능하지 않는 어느 한계에 부딪치고 만다.

좀 더 잘 살아보려고 사는 동안 배우고 익히며 직업을 갖고 그런 과정에서 남과 어울리기도 하고 경쟁도 하며 때론 좌절하기도 한다. 친구들과 선생님과 손잡고 교과서에서 배운 역사적인 유적과 유물을 직접 보고 관찰하기 위하여 현장학습도 한다. 유적 유물을 실제 보고 관찰을 통해 위로 연결된 우리 조상들의 위대한 숨결을 느낄 수도 있다. 말로만 듣고 배웠던 역사의 흔적들을 실제로 확인해 보는 기회를 가지기 위해서다. 이런 활동을 통하여 우리 조상들은 그 위의 조상으로부터 문화전통을 이어 왔고 또 단계단계 아랫세대로 내려가면서 삶의 문화가 연결되고 형성되어 왔음도 알 수 있게 된다.

최초의 인간은 대략 175만 년 전에 태어났다고 한다. 20년을 한 세대로 본다면 87,500세대가 된다. 그 이어져 온 세대 동안 많은 문화유산이 우리 몸 구석구석에 쌓여지고 새겨져 있을 것이다. 이를 발견하고 알맞게 계발해 간다면 그 또한 성공적인 삶을 살아가는 하나의 과정이 된다.

자동차가 쭉 뻗은 도로위로 신나게 달리고 있다. 나무들은 싱그럽게 자란다. 학교운동장에는 아이들이 뛰논다. 친구들과 어울려 재미있는 놀이를 하고 있다. 서로 경쟁하기도 하고 또, 서로 돕기도 한다. 이해를 통하여 화합하고 노력하며 많은 것을 배우기도 한다. 어느 시점에서 제

각각 흩어져 집으로 돌아가고 나면 그곳은 다시 조용해지면서 하루가 저문다. 이들 하루하루들이 차곡차곡 세대 안의 작은 개체역사로 쌓인다. 수천 년, 수억 년 흘러온 세월의 어느 한 시점인 오늘, 같은 시대를 살아가는 주위의 모든 것들과 더욱 의미 있는 삶을 살아야겠다. 그러면서 지워지지 않을 나의 발자국을 남겨 두어야겠다. 오늘따라 맴맴 매~매미 소리가 예사로이 들리지 않는다.

첫 단추

효열공신도비 안내판 갱신문제로 1시간 여 차를 몰아 우리문중 선산(先山)으로 달려왔다. 아내와 둘이서 준비해온 줄자로 안내판 위아래, 좌와 우의 길이를 정확히 재어놓은 후 본드와 양면테이프, 드라이버, 카트칼을 이용하여 안내판을 다시 붙여놓는 작업을 가까스로 마쳐놓았다. 마무리와 주변청소, 정리를 하는 동안 아내는 쑥을 캐고, 엉겅퀴 새순도 땄다.

집으로 돌아오는 길에 점심으로 산 아래 마을, 식당에 들러 추어탕을 주문하여 먹는다. 탕도 탕이지만 밑반찬이 일품이다. 마음이 가벼워져서 맛이 더 있는 것일까. 고민스런 일로 인해 며칠간 실로 어려운 날들을 보냈다. 괜히 좀 잘해볼 거라고 생각했던 것이 그만 큰 실책(失策)이 될 줄이야! 미처 몰랐었다.

우리 준봉(孝烈公)선조님 신도비 안내판을 바꾸었으면 하고 생각했었던 것으로부터 일은 시작된다. 신도비 안내로 스테인 판위에 붙여 놓은 바탕종이가 너무 낡아 너덜너덜 해지고 일부는 내용을 잘 알아볼 수 없는 상태로 되어있었다. 마침 고향에서 동네이장, 논농사, 과수원, 냉동창고 등에다가 종중(宗中)일 재정까지 도맡아 책임지고 있는 동생의 일이 너무 무겁게 보여 조금이라도 덜어준다는 뜻에서 안내판을 바꾸는 것이 좋겠다고 말했더니 "그러지 않아도 누가 해 줄려고 하는데 그렇게 해 봅시다."라고 한다. "아, 그런가, 그것 참 고마운 일이네, 때마침"라고 하면서 "그럼 내가 이 일을 맡아 해볼까?"라고 했더니 "그렇게만 해 주신다면 내 짐을 덜어주니 얼마나 좋겠습니까."라고 고마워한다. 관공서 간판제작을 도맡아 하고 있는 분을 내가 잘 알고 있었기 때문에 그 이야기를 쉽게 해버렸다.

며칠 후 정확히 안내판 치수를 재어보아야 되겠다고 생각하여 줄자를 가지고 승용차로 달려가서 가로 세로 길이를 재어왔다. 그러고 난 며칠 후 더 정확한 치수여야 한다고 생각하여 또 줄자를 가지고 가서 쟀다. 판의 가로길이의 위, 아래와 세로길이의 좌, 우 등 4곳을 쟀다. 4각 스테인으로 고정시켜둔 틀은 그대로 두고 안내(說明)판만 바꾸면 될 것으로 보아 다시 한 번 더 치수를 정확히 재고자 했었다.

고향 가는 걸음이 있어 돌아오는 길에 또다시 치수를 재고 궁리를 했다. 그런 며칠 후 안내판 인근 음식점에서 일가 모임이 있었다. 참석차 간 김에 차라리 판을 떼어가서 그 치수대로 제작한다면 더 쉽고 정확할 것으로 생각했다. 제작비가 조금이라도 덜 들 것이라는 생각도 들었다. 같이 간 집안 일가 몇 분의 협조를 얻어 안내판을 떼어서는 타고 간 승합차에 싣고 돌아왔다. 여러 가지로 생각하고 고민하면서 판(포맥스)을 떼어 광고간판사로 가져가는 것이 가장 정확하고 합리적일 거라고 생각했기 때문이었다.

새로 제작한다면 내용도 이 기회에 수정할 곳이 혹시 있나하여 원본 내용을 컴퓨터로 정리하면서 한글과 영문원안을 살폈다. 몇 군데 오류가 발견되어 수정한 후 창원문화원에 안(案)을 가지고 갔다. 감수(監修)를 받고자 해서다. 여의치 못하여 창원대학교 사학과 교수를 찾아갔다. 감수를 요청하였는데 내용과 문장이 잘 되어 고칠 데가 없다고 했다.

제작하기 전 마지막으로 다시 주변 지인(知人)들의 의견을 좀 더 들어보기 위해서 우리 종중 집안일에 열성적으로 참여하고 있는 ○○형한테 전화를 했다. "마음대로 하지 말고 몇이라도 만나 내용을 검토해야 한다."는 것이었다. 얼마 전에 내용을 정리하여 복사물 몇 부를 준비해 가서 의견을 모았는데 또 모여서 의견을 들어봐야 한다고 했다. 사학과 교수님까지 그대로 OK한 내용이라고 해도…. 힘이 빠진다. 그러나 "그렇게 합시다."라고 하고 나서 생각해 보니 괜히 화가 치민다. 어떻게 보면 나더러 '하지 말라고 하는 것 아닌가'라는 말로 들렸다. 포기해 버리고 싶었다.

차일피일 하고 있던 중 문화재 지정관련 추진을 맡고 있는 우리 종중 추진위원장에게서 전화가 왔다. "모레 10시에 문화재 지정 담당위원 몇 분이 현장을 방문하도록 되어 있으니 참석하라."고 한다. 급히 안내판 이야기를 꺼냈다. 안내판을 떼어와 버렸기 때문이었다. 그동안의 안내판 경과를 이야기했다. 듣고 나더니 "왜 그렇게 일을 하려고 했느냐, 나한테 의논도 없이" 하신다.

아무리 좋은 뜻이었다 해도 이번 일은 분명 첫 단추를 잘 못 끼웠구나! 이제 와서 이걸 어떡하면 좋은가. 참으로 고민스런 일이 일어났다. 고민 고민 하다가 결국 '떼어온 안내판을 그대로 갖다 붙여놓자! 원상복귀해 놓으면 될 것 아닌가. 잘 못 끼워진 단추다. 다시 원점으로 돌려놓자'고 생각했다.

떼어온 안내판을 아침 일찍 승용차에 실었다. 본드와 양면테이프를 구입하고 줄자 등 몇 가지 재료와 도구를 챙겨서 선산(先山)으로 달려갔다. 안내판을 제자리에 다시 붙여놓기 전에 안내판의 길이부터 정확하게 다시 재어 놓았다. 그런 후 아내와 둘이서 힘을 합쳐 작업을 다 마치고 나니 감쪽같았다. 참으로 흡족했다. 이젠 그 컸었던 짐의 무게에서 벗어나게 되었다. 너무나 고맙고 감사하여 홀가분하고 마음 가벼워졌다. 봄 햇살이 따가웠으나 세상은 밝고 환하게 다시 따뜻하게 다가오는 것 같았다.

신도비 안내판 앞에 바로섰다. "이렇게 문제가 해결되어 감사합니다. 앞으로는 좀 더 신중하도록 노력하겠습니다."라고 중얼거리고 있었다. 내가 서 있는 준봉산(隼峯山)이 비로소 바로 보이기 시작하는 것이었다.

(2017. 3. 18.)

탕전원 투어 記

9시 30분, 창원○○한방병원 앞에서 탕전원 투어 희망자 28명을 태운 관광버스는 부산해운대에 있는 ○○한방병원 탕전원으로 출발하였다.

오늘 휴진인데도 불구하고 강○○ 원장님과 김○○ 팀장님이 견학자의 인솔 및 안내를 맡았다. 출발 전 안전벨트를 일일이 챙겨주고 안전에 이상이 없도록 주의를 철저히 당부했다. 여러 가지 생각들을 하면서 쉬고 있는 사이에 버스는 어느새 광안대교를 건너가고 있었다.

일행은 기대에 차서인지 환자 또는 그 가족이어서 그런지 차내 분위기가 꽤나 무거워 보였다.

탕전원에 도착하니 10시 50분, 강당으로 안내되어 자리를 잡아 앉았다. 장○○ 총괄이사가 파워포인트로 ○○한방병원과 탕전원에 대해 개략을 안내해 준다. ○○한방병원의 역사는 23년, 장 이사는 그동안 우리 한방병원과 역사를 같이 해 온 셈이라고 소개했다.

현재 전국에 14곳, 해외에 6곳의 ○○한방병원이 설립되어 네트워크가 형성되어 있고 약재는 수도권과 지방이 거의 같으며 치료법 역시 동일한 수준이라고 했다. 의사와 원장은 발령이 나면 그 병원으로 가서도 꼭 같은 자세로 근무한다고 했다. 해운대○○한방병원 탕전원은 해운대, 창원, 울산, 대전○○한방병원에서 각각 그곳의 한의사가 처방해준 한약을 짓는 거점센터다. 원장이 처방해 주면 탕전원에서 약을 달이고 포장한 후 1~2일 내에 그 주소지 본인에게 특별차량으로 배송해 주게 된다고 설명한다.

전국 ○○한방병원에서는 300여 분의 한의사가 있으며 1달에 1회 서울에 있는 ○○한방병원에서 치료법, 새로운 치료정보 등에 대한 연수회를 한다고 한다. 그런데 창원○○한방병원의 환자 치료율이 전국에서 제일 높다고 했다. 오늘 모두 창원에서 오신분이어서 그렇게 말씀하시는 것이 아니라는 점을 강조하면서.

"탕약 재료인 약재구입, 관리, 달이는 조제실, 포장, 배송 등 전 과정을 직접 살펴보고 확인해보게 하는 기회를 마련해 주기 위한 것"이 투어의 목적이라고 한다.

이제는 한약제조 과정을 둘러볼 차례다. 과정순서는 최상급 약재로 개인별 맞춤처방 된 조제가 이루어지는 조제실, 항온 항습설비를 갖춘 약재보관실, 첨단자동화 시설과 위생관리로 탕전 하는 탕전실, 0.01%의 오차도 허용되지 않는다는 제분 제환실, 마지막으로 포장・배송준비 되고 있는 택배실 순서로 직접 보고 확인할 수 있도록 안내받았다.

이곳에서 근무하는 직원 모두는 치료에 조금이라도 더 도움 되도록 조제 과정을 맡고 있는 분야에서 최선을 다하고 있다고 했다. 몸에 병이 나서 찾아오는 병원, 꼭 고쳐 보겠다는 의지를 본인 스스로 갖게 하고 거기에 최선을 다해주는 병원과 탕전원 직원 등, 모두 일체가 되어 운영되고 있는 병원임을 몸으로 느낄 수 있었다.

그러나 아직도 한약 종목에 따라 보험에서 빠져있는 품목이 많아서 질 좋은 치료를 받으려면 아무래도 치료비가 비싸질 수밖에 없다는 문제, 보험 항목이 더 늘어나도록 많은 노력을 하고 있다는 점을 강조해서 설명해 준다. 신○○ 이사장님은 세계 여러 나라를 다니며 치료하는 현장을 현지 주민과 그곳 의료진에게 직접 보여 주면서 확신을 심어 주고 계셨는데 우리 일행은 관련 ppt동영상을 보면서 신기해하기도 하고 한편 놀라는 표정들이었다.

모두 500여 가지의 한약재가 있다고 하지만 이곳에서는 200여 가지를 쓰고 있다고 한다. 우리 ○○한방병원에서는 전국 네트워크를 통하여 개발한 독특한 비 수술치료와 재발하지 않는 치료방법 등 계속해서 새로운 ○○한방치료법을 연구하고 있다고 한다. 본 ○○한방치료의 기본은 상처 난 나뭇가지를 바로 꺾어버리기만 해서는 문제가 해결되지 않는 것처럼 우리 병원에서는 몸의 상태가 부드럽게 되도록 1차 치료한 후 병의 근원을 자생적으로 살려 내는데 치료의 주안점을 둔다고 강조한다.

한약재를 수입할 경우에는 오공(蜈蚣)이라는 한약재를 예로 들면서 이의 주원료가 지네인데 드넓은 땅 중국에는 질 좋은 지네가 많이 나온다고 한다. 그래서 전문가가 현지에 직접 가서 보고 확인한 후 약재를 구입해 온다는 점을 강조하면서 구매만 잘하면 중국 약재도 질 좋은 것이 많다고 했다.

때론 한의사의 고충도 많다. 침을 놓기 위해서 "힘 빼세요."라고 하면 긴장 탓인지 힘을 더 주기도 한단다. 하루 종일 진료실 독방에서 찡그린 얼굴, 아파하는 환자를 자주 대하다 보니 스트레스도 자연 많이 받게 된다고 한다.

녹용은 알타이공화국 녹용을 최고품으로 치는데 이것 또한 현지에까지 가서 직접 구매한다고 한다. 이렇게 들여 온 약재들을 바로 앞에서 직접 살펴 볼 수가 있었는데 깨끗하고 위생적으로 잘 관리되고 있음을 보고는 감탄이 절로 나온다. 이런 과정을 거쳐 빈틈없이 만들어진 한약 중 육공단 1정씩을 시식용으로 나누어 준다. 중금속 오염 방지를 위해 거의 대부분 기구 재료를 스테인으로 만들었다고 하며 그래서 더 깨끗한 것 같았다. 이렇게 해도 달여진 약봉지 마다 약 맛의 차이가 다소 날 수 있다고 한다. 온도, 습도, 처음과 나중의 시차에 따라 약간씩 다를 수 있기 때문이라는 설명이다.

제환실로 이동했다. 특공단, 육공단 등을 제조하는 곳인데 원료에서 시작하여 가공하고 건조기에서 건조한 후, 환을 만드는 기계에서는 쉴 새 없이 환이 다 되어 굴러 나오는가 하면 마지막엔 정확한 양이 자동으로 포장되어 마무리 되고 있었다. 여기서 관절고 1알씩도 기념 선물로 얻었다.

마지막으로 택배실, 포장이 마쳐진 한약들의 우송 준비가 착착 진행되고 있었다. 여기서는 본원에서 운영하는 차량으로 약을 싣고 가서 주문자에게 직접 배달하는 일을 맡고 있다고 한다. 혹시 약의 수량이 하나라도 틀리면 그 즉시 추적 조사하여 오류의 원인을 찾아내고 보상해주고 있으며 가급적 빠른 시간 내 안전하게 전달함과 동시에 약의 복용법까지 자세히 안내해 준다고 했다.

탕제의 전 과정을 참관하고 나오니 12시 30분이었다. 바로 이웃에 있는 식당에서 점심을 먹은 후 타고 왔던 버스에 오르니 1시 40분, 우리 일행을 인솔한 O원장님이 인원을 직접 챙기고 샘물 1병씩을 나누어 주신다. 떠났던 곳으로 돌아오니 정확히 2시 50분.

경 험

교육적 경험은 선택적이고 다양하게 해 보아야 한다. 경험은 직 간접으로 얻어지는 지식이요, 기능이며 지혜가 된다. 좋은 경험은 미지의 두렵고도 아름다운 목표의 출발점이 될 수도 있다. 이들 경험을 통해 개인이 타고난 특기적성(特技適性)을 쉽고 바르게 찾아내기도 한다. 이러한 경험은 주변 환경과 더불어 해 보고자 하는 의욕이 강할수록 더 좋고 많은 경험을 할 수 있다.

경험은 배를 저어가는 뱃사공과도 같다. 미지의 세계로 나아가면서 새로운 것들을 찾아내기도 하고 즐길 수도 있으며 관심과 호기심으로 목적지까지 나아가게 하는 동력이 될 수도 있다. 그러면서 삶의 지혜를 함께 얻어 가게 된다.

세계적 명성을 떨치는 골프선수라 할지라도 골프를 접해볼 기회가 전혀 없는 환경이었다면 가능했을까, 유명한 피아니스트가 피아노와는 전혀 관련 없는 환경에서 성장했다고 하면, 세계적 진화론 과학자가 세계여행을 할 수 있는 기회가 전혀 없었다면 그가 지닌 재능을 어떻게 계발할 수 있었을 것인가, 보고 듣고 느끼고 체험해 볼 수 있는 기회도 없이 그 재능을 발현(發顯)시킬 수 있을까.

인간적인 바탕을 다져가며 가능한 일찍부터 달려도 보고 굴러도 보며 춤도 춰보고 기구놀이도 해 보아야 한다. 피아노를 쳐보기도 하고 간단한 리듬악기를 접해보기도 하며 노래도 불러본다. 그림도 그려보고 만들기도 해보며 블록 쌓기도 해 본다. 친구와 어울려 이해하고 양보하고 협동하는 작업도 해 본다. 자기의 생각을 말로 해보고 글로도 써 본다. 가능한 경험의 기회를 다각도로 많이 가져 보아야 한다. 그러는 동안 이들 경험은 잠재된 재능을 찾아가는 자연스러운 하나의 길이 될 수도 있다.

같은 경험이라 할지라도 미래를 내다 볼 수 있는 시각을 갖추고 즐길 수 있는 통찰력(洞察力), 그리고 그것을 구체화시킬 수 있는 의지가 내면화 된다면 그 경험은 더 유용한 경험이 될 수도 있다.

유명한 음악가가 되겠다, 세계적인 발레리나가 되겠다, 훌륭한 운동선수가 되겠다, 뛰어난 예술가가 되겠다, 자영으로 꿈을 이루어가는 참 영농 인이 되겠다는 등 자기의 희망과 특기적성을 찾기 위해 노력하고 발전시켜 나가는 일은 삶의 목표로 나아가는 보람 있는 길이기도 하고 결국 성공적인 삶이 될 수도 있다.

목표를 찾아 경험의 기회를 잘 이용하여 타고난 특기적성을 유용하게 계발(啓發)해 나간다는 것은 다양한 경험의 결과로 얻어지게 되는 성공적인 삶의 한 과정(過程)이라 할 수 있다.

감동을 찾아 떠나다

다이돌핀은 감동호르몬이라고도 한다. 감동을 받았을 때 분비되는 조절물질로 알려져 있다. 기분 좋을 때 분비된다는 엔도르핀 보다 4,000배나 더 강력하다고 한다. 아무리 무서운 암세포라 해도 이 다이돌핀 앞에서는 꼼짝 못하고 파괴되고 만다고 하니 이것만 많이 만들어진다면 어떤 병이라도 크게 걱정할 필요가 없다는 말이 된다. 감동, 감동을 만들어 보자. 감동을 찾아 떠나보자.

처음 만난 감동은, 초등학교 1학년 때다.

운동장에서 뛰놀다가 우리 담임선생님을 만났다. "고영문 똥깔~ 넘" 하셨다. '선생님이 내 이름을 알고 계시다니 놀랄 일이다. 이것은 비밀이야, 선생님이 내 이름을 알고 불러주셨다는 이야기는 아무에게도 하지 말고 나만 알고 있어야지!'라고 생각했다. 지금까지 내 어릴 때 그 기억 그 감동은 계속된다.

두 번째 찾아온 감동은, '영수를 찾게 되다!'

어느 해 9월말 경이었다. 특수학교, 수업을 마치고 집에 돌아오지 않은 제자 영수…. 할머니로부터 전화를 받고 그때부터 백방으로 찾아 나섰으나 찾지 못한 채 밤을 지새웠다. 다음날은 진주시내 길거리 수색에 나섰다. 학부모와 선생님들이 구역을 분담했다. 담임인 나의 걱정은 이만저만이 아니었다. 발이 부르트도록 걸었다. 드디어 건널목에서 신호를 기다리고 있는 영수를 발견했다. 꿈인가 생시인가, 얼마나 반갑던지….

"영수야, 선생님이야!"

"어, 선생님 뭐 하러 왔노?"

"너 찾으러 왔지."

하며 손을 덥석 잡았다. 다시는 놓지 않으리라는 마음으로. 입가에 자장면 국물이 얼룩져 있다. 어디서 잤는지, 그동안 무얼 먹고 어디로 다녔는지 도시(도무지) 알 길이 없다.

세 번째 감동은, '현장교육연구대회 1등급을!'

현장교육 연구계획서가 한 번도 입선되지 못하고 매년 떨어졌었는데 이번에는 「행동 의미부여에 의한 중도 정신지체아의 새로운 행동형성」이라는 연구계획서가 입선되더니 J대학에서 전국연구대회 본 논문 심사와 면접 확인 등 최종 심사과정을 거쳤다. 혹시나 했었는데 이것이 1등급 되었다는 발표를 듣고는 가슴 벅찬 감동을 느꼈다. 나에게도 1등급짜리 논문이 있게 되었구나! 나의 것이 된 '푸른 기장'이 어떤 것인지 한번 만져나 보자! 그해 정신지체분과 영역에서 전국 1등급은 오직 하나로 내연구물이 유일했다. 감격스런 순간이었다. 결국 나에게도 와 주었구나.

네 번째 기다리고 있는 감동은, '백두산 천지가 눈앞에!'

1996년 여름방학을 이용하여 우리 6남매 부부 열둘이 2,744m의 백두산에 올랐다. 내려다보이는 백두산 푸른 천지! 교과서 삽화에서나 본 그 장관이 눈앞에 실물로 펼쳐져 있다. "야, 저 천지! 드디어 내가 여기에 왔구나!" 감격해 하며 분명 백두산이 맞는지 몇 번을 보고 감격하며 다시 확인했다.

다섯 번째 감동은, '고덕 산마루님의 인터넷 블로그!'

산마루님의 블로그에 우연히 들어갔었다. 카테고리 전체보기에 3,220 항목의 글이 올려 져 있었다. 재미나는 오락실 항목의 마술에 들어가서는 컴퓨터 모니터에서 눈을 뗄 수가 없었다. 22개의 마술항목이 나오고 항목마다 감탄을 자아내게 한다. 한국의 경치 카테고리에 '다시 보고 싶은 경관들'에 들어갔다. 자경전 꽃담이 설명과 함께 깨끗한 영상으로 나타난다. 우리 가요와 함께 17항목의 카테고리 중에 '아름다운 세상'이 있었다. 여기에 또 들어가 본다. 산, 아름다운 섬들, 무한한 우주 외 4

항목이 나오는데 항목마다 알찬 자료가 놀라울 정도로 깨끗하게 잘 정리되어 있었다. 또한, 분재 그리고 수석 항목 중 '분재'에 들어갔다. 잘 키워진 분재작품들이 실물 그대로를 보는 것 같이 선명하게 차례로 화면 가득히 나타난다. 분재 보러 멀리 갈 필요가 없겠다. 가만히 앉아서 다 볼 수 있으니 말이다. 참으로 놀랍다. 화면까지 어찌나 선명하던지!

또 다른 한 곳, '최근 글들' 중에 '달맞이꽃'에 들어갔다. 달맞이꽃에 대한 설명이 나타나고 꽃의 전설까지 소개되어 있는데다 '달맞이꽃' 가요가 화면과 어우러져 더욱 즐겁게 해준다. 뿐만 아니고 그 아래로는 달맞이꽃 사진이 눈부시도록 생생하게 나타난다. 박하꽃, 연꽃 등도 그렇다. '마음의 양식' 항목에는 유용한 일반상식, 좋은 글, 감동을 주는 글, 시, 시조, 교훈, 명언 등의 자료가 넘치는데 어떻게 이런 풍부한 자료를 담은 블로그를 만들 수 있었을까! 감탄을 한다. 블로그 만든 고덕 산마루님이 고마울 뿐이다.

여섯 번째 찾은 감동은, '시장에서!'

5일장이 열리는 재래시장에 갔다. 많은 사람들이 모인다.

갈치 2마리에 5천 원, 고기를 장만해 주는 데 그 솜씨가 기 막힌다. 지느러미를 가위로 순식간에 잘라내고 대가리를 가위로 잘라 떼더니 세 도막을 낸다. 걸린 시간은 9초, 다른 한 마리도 그렇게 했다. 20초가 채 안 되어 비닐봉지에 넣어 고객의 손에 들려준다. 이 숙련된 솜씨에 감탄을 금치 못한다.

일곱 번째 만든 감동은, '광합성으로 맛있는 열매를 만든다!'

2006년 황우석 교수의 줄기세포가 세계적인 큰 반향을 일으켰다. 앞으로 우리 인체도 기계부속품을 갈아 끼우듯 할 수 있겠다. 건강하고 불로장수하는 길이 열리게 된다. 어릴 때 『헨델박사』 책을 밤새워 읽고는 '나도 커서 헨델 박사처럼 훌륭한 과학자가 되어야지….'라고 생각하며 부푼 꿈을 가졌었다. 줄기세포가 화젯거리로 되고 있을 그때 나는 '탄소동화작용으로 탄산가스, 물, 햇빛에 의해 원하는 탄수화물의 한 형태 즉 과일을 만들 수 있지 않을까. 우리 주위에 지천으로 널려있는 잎이 하는 일을 상세히 밝혀내기만 한다면 충분히 가능하리라'고 생각했다.

처음에는 식품공장에서 과일을 만든다. 다음은 집집마다 설치된 식품기계에서 사과 스위치를 누르면 사과가 굴러 나오고 수박 스위치를 누르면 수박이 굴러 나온다. 탄소 동화작용을 더욱 깊이 연구해서 광합성 세계 연구허브를 만들어보자. 그러기 위해서는 먼저 『광합성 세계 중앙연구소』라는 간판부터 우리 집 입구에 걸어 놓고 보자. 참으로 그럴싸하다. 마음이 들떴다. 줄기세포 연구소 보다 나으면 나았지 못할 것이 없겠다는 생각으로 한동안 마음이 울렁였다.

여덟 번째 감동은 '밤하늘의 별을 보고!'

밤하늘을 올려다보면 137억 년 전 빅뱅으로 만들어진 우주가 저 넓은 공간에 펼쳐져 있다. 우리가 살고 있는 이 은하계 우주와 비슷한 우주가 저 대 우주 속에 10의 400승개가 있다지! 참으로 거대하고 신비로운 우주다. 그 한 점과 같은 조그마한 지구라는 별인 이곳 한 부분에서서 밤하늘 그 대우주를 올려다보고 있는 영광을 나는 지금 누리고 있다. 신비롭고 황홀하다. 카시오페이아자리, 거문고자리, 안드로메다자리, 작은곰자리의 북극성, 동서로 뿌려진 은하수 등 그 중 태양계 속의 지구, 지구에서 지금 이곳….

계속되는 감동들이…!

'산 정상 높은 곳에 서서 땀을 식히며 내려다보고 있는 그 시원한 쾌감! 갈증으로 목 말라했을 때 산 중턱에 설치된 약수터에서 갈증을 해소하고 있을 때, 낯선 곳에서 어떤 사람에게 길안내를 친절하게 들었을 때, 무거운 짐을 같이 들어주겠다고 하며 고마운 도움을 받았을 때, 내가 두 발로 몸의 균형을 유지하며 걸을 수 있는 능력이 있음을 생각해 보았을 때, 비 온 후 하늘이 개면서 햇빛을 받아 변화무쌍하게 변하면서 흘러가는 뭉게구름을 보고 있을 때, 시원하게 탁 트인 영화관 대형스크린과 함께 나타나는 장엄한 음악을 듣고 있을 때….'

크고 작은 감동꺼리는 내 주위에 얼마든지 있다.

매일매일 감동적인 삶을 만들어 보자. 감동꺼리를 찾아 다시 떠나보자.

(2011. 『수필문학』 11월호)

그 때 그 시절

떡갈나무 굵은 가지 끝에서 새싹이 곧 움터 나올 것 같다. 잎이 떨어진 나무마다 새싹이 돋아날 봄을 기다린다. 잔설을 둘러쓰고 있는 박태기나무도 때죽나무, 밤나무도 온통 봄을 맞을 준비가 막바지에 이르렀다. 빨갛게 단풍이 들더니 그것마저도 떨쳐 버린 화살나무는 잔설을 이고 서서 싹을 틔울 준비에 한창이다. 소나무는 추위를 견디고 섰지만 작년의 푸른 모습 그대로다.

어느 땐가 눈이 내리는 날이었다. 지난 여름철 그렇게 먹고 싶었던 아이스케이크를 생각하며 동생하고 하얀 눈을 큰 그릇에 숟가락으로 퍼 담아 방으로 들어왔다. 그리고 고픈 배를 채우려고 한 순갈씩 퍼 먹었다. 사카린도 넣지 못한 그런 아이스크림이었다. 무언가 먹으면 배가 부를 것이라는 생각으로….

가장 어려운 시기! 어른들은 보릿고개라는 말을 흔히 사용하였다. 보리가 익어갈 무렵에는 특히 먹을 것이 귀했다. 어떻게든 참고 잘 넘겨보자는 데서 나온 말이리라. 그 어려웠던 보릿고개를 넘어가면 보리가 익고 따라서 허기진 배를 채울 수 있으리라는 희망을 가지고 기다리자며 타일러 주었던 말이리라.

겨울은 추웠다. 불을 지핀 방은 좀 나으련만 그렇지 못한 형편이니 그냥 밖으로 뛰쳐나온다. 골목길 담장 양달쪽에는 먼저 나온 아이들이 햇볕을 쬐려고 옹기종기 옆으로 늘어섰다. 나온 순서대로다. 행렬의 가운데가 좋을 테지만 규칙대로다. 그렇게 서로 어깨를 맞대어 추위를 견뎠다. 간혹 타작마당에서 편을 갈라 짚 볼을 찼다. 긴긴 하루해는 그렇게 저물곤 했다.

그때 우리 담임선생님! 사범학교를 갓 나오셔서 4학년 우리 반을 처음 맡으셨다. 6학년까지 3년 동안 내리 담임을 하셨다. 그때는 봄과 가을, 1년에 두 번 원족(遠足)을 갔다. 학교에서 15리쯤 떨어진 절(寺)로 가는 가을 소풍날이었다. 도시락 하나 달랑 싸 들고 좌측통행을 잘 지키며 걸었다. 걸으면서도 도시락 까먹을 생각을 하면 즐겁기만 했다. 드디어 목적지에 도착해서는 삼삼오오 둘러앉아 그렇게 기다리던 점심 도시락뚜껑을 열었다. 내 알루미늄 도시락, 종자(작은 사기그릇)에 배추김치를 썰어 넣고 밥 속에 박아 놓은 반찬뿐이었다. 김치 국물이 흘러나와 밥까지 노랗게 물들어 있었다. 맛이 새큼하고 이상했다. 어머니가 정성들여 쌀밥으로 싸주신 도시락이었지만 친구들 앞에 꺼내 놓고 먹기는 좀 부끄러웠다. 그러나 소풍이라고 특별히 싸온 밥인데 체면이 문제가 아니었다. 친구들도 대부분 그러했다. 그래도 어떻게나 달고 맛있던지!

추운 겨울날은 추워서 오돌 오돌 떨고 있는 우리들을 학교 뒤에 있는 양달쪽 큰 바위 사이로 데리고 가서 교과서를 읽으시면서 하나하나 설명해 주시던 선생님!

그래서 그런지 내 기억에 선생님이 오래도록 남아계신다. 불교의 첫 순교자인 신라의 이차돈, 고려의 강감찬 장군, 활 잘 쏘는 조선 건국의 이성계, 한글창제 세종대왕, 충무공 이순신 장군 등 역사적 위인들을 재미있게 얘기해 주시면서 우리들에게 꿈과 희망을 불어 넣어주시던 선생님, 아직도 기억에 생생하다. 한 번은 선생님께 노래 하나만 들려달라고 우리들은 입을 모아 졸라 댔다. 성화에 못 이겨 해 주신 노래가 「베사메무초」였는데 아주 열창이셨다. 가정방문으로 우리 집에까지 찾아오셔서 어머니를 설득하시던 모습, 중학교에는 어떤 어려움이 있더라도 보내주어야 한다고. 공부도 잘하고 착하다고 하시던 선생님의 말씀을 엿듣고는 얼마나 감격했던지! 나도 희망이 있다는 그리고 공부 잘한다고 칭찬해 주시는 우리 담임선생님이 계시구나라고 생각하고는 용기가 솟았다. 두 주먹에 힘이 불끈 쥐어졌다. 가슴이 뭉클했다.

세월이 흘렀다. 나도 커서 선생이 되었다. 선생님을 뵙고 싶었다. 이제나마 찾아뵈려고 하니 이 세상에 안 계심을 알았다. 더욱 열심히 노력하여 훌륭하게 되라시던 선생님 앞에 나타나서 그간의 인사를 드리려고 했는데….

솔이끼가 어제 내린 눈의 물기를 흡수했다. 겨울동안 망가진 몸뚱이가 다시 솔잎처럼 송골송골 돋아나면서 형태를 갖추어가고 있다. 솔바람이 나뭇가지 사이를 훑고 지나간다. 이리저리 엉킨 나무덩굴도 마디마디에는 새싹을 틔울 준비를 마쳐가고 있다. 오늘 따라 하늘이 더욱 푸르다.

나무들은 단풍들어 잎이 다 떨어져 나목(裸木)이 되어도, 한겨울 눈비 맞고 찬바람에 휘둘려도 봄이 되면 새로운 싹이 돋아나고 다시 자라나서 무성해지는데 인간은 한번 가면 다시 못 온다.

세상을 떠나신 선생님! 만물이 소생하는 봄을 맞으니 더욱 그립기만 하다.

기차 여행

서울행 KTX다. 기차는 서서히 움직이더니 다가오는 바깥 환경을 뒤로 하면서 달려 나간다. 한동안 지나가는 바깥 모습을 멍하니 보고 있었다. 높고 낮은 산이 다가오고 집들이 지나간다. 그 한곳에 머문 시간이 있다. 나의 시간이었고 그리고 너와 우리의 시간이었다.

초등학교 5학년 때 한 친구에게서 '헨델 박사'라고 하는 만화책 1권을 빌렸다. 인조인간을 만들어 전 세계 인간을 멸망시켜가는 나쁜 과학자와 싸우는 헨델박사의 이야기가 흥미롭게 펼쳐졌다. 결국 헨델 박사가 이기게 된다는 얘기였다. 나는 커서 '헨델 박사처럼 좋은 일을 하는, 많은 사람들을 살려내는 그런 과학자가 되어야지'라고 생각했었다. 하지만 6학년이 되면서 내가 존경하는 우리 선생님처럼 될 수는 없을까 하는 생각으로 바뀌었다. 그러나 선생님은 나에게 엄청나게 먼 곳에 있고 또 될

수도 없겠다라고 생각했다. 희망을 품고 꿈꾸었으나 내가 처해진 환경은 너무나 달랐다.

차창으로 밖을 본다. 산이 지나가고 집들이 연이어 지나간다. 수 없이 많은 희로애락이 시간과 더불어 같이 했다가 아무렇지도 않은 것처럼 세월 속에 묻혀져 버린다.

시간, 기차를 타고 여행하듯이 시간을 타고 나의 여행을 한다.

오늘은 내 남아있는 첫날이다. 그리고 지나가는 생의 마지막 날이 된다. 눈을 감는다. 산간마을 학교에서 5학년 1반 담임으로 첫 근무를 했었다. 그곳엔 산과 들, 논밭을 뛰노는 우리 아이들이 있었다. 아주 작은 질서일지라도 잘 지키면서 어울려 살아가야 한다며 손잡고 얘기했다. 착하고 아름답게 자라야 한다고 용기를 북돋웠다. 우리에게 가장 귀한 것은 얼굴을 타고 내리는 땀방울이라고 내가 먼저 땀을 흘려 보였다. 나보다 약한 사람을 보면 내가 해줄 수 있는 일에 무엇이 있을지 생각해 보자고 했다. 오늘 목표로 하는 공부는 오늘 끝내야 한다고 했다. 형성평가를 한다. 결과, 미흡하면 방과 후 남아서 계속 공부하도록 했다. 중간에 그만두면 안 되었다. 포기하면 빈말이 된다. 어느새 날이 어두워진다. 전기가 안 들어오는 곳이라 양초를 사와서 촛불을 켠다. 결국 오늘 해야 할 과제를 다 하게 한 후 집으로 돌려보낸다. 집까지는 거리가 멀고 위험한 곳이 많아 동네어귀까지 바래다준다. 난 그때 처음으로 내 첫 월급으로 손전등을 샀었다.

기차는 터널을 지나고 있다. 잠시 후 밝아진다. 터널을 지났다고 해서 그 자체만으로는 변한 것이 없다. 역시 산과 들과 집들이 다가와서는 뒤로 사라진다. 지나가고 나면 다시 되돌리지 못하는 여행이다. 다 못한 일도 후회스런 일도 눈 깜짝할 사이에 지나가 버린다.

42년간의 직장에서 퇴직을 했다. 이제는 나의 서드에이지다. 모든 직장의 구속에서 떨쳐 나와 나의 길을 자유롭게 가 볼 수 있는 기회가 됐다. 평생에 그렇게 하고 싶어 했던 나의 일을 해 보자. 준비를 해둔 특허를 내자. 특기적성을 계발해 보자. 단계별 광합성 연구도 해야 한다.

조금 전까지 터널을 지나는 동안 어둠은 기억 속에 잠시 있었을 뿐 그대로다. 고등학교 때는 자취를 오래 했다. 추운 겨울이라고 해도 방에는 연탄 한 장으로 하루의 불을 지폈다. 호호 떨면서 발을 동동 굴렀던 시절, 밥도 제대로 먹지 못해 배고파했던 때!

기차는 계속해서 달리고 있다. 태양은 기차를 비추고 하늘은 여전히 푸르다. 산과 들과 집들이 연이어 지나간다. 나는 그동안 내가 가지고 있을 고유한 특기적성을 계발했는가? 그것을 부지런히 갈고 닦아 왔더라면 지금 쯤 어떻게든 달라져 있어야 하지 않은가? 나는 내 제자들의 인생을 어떻게 바꾸어 놓았는가? 아이들이 커서 지금 어떻게 살고 있을까? 선생님의 이름을 빛내고 있을까, 아니면 내가 잘 못 안내하고 가르친 용서를 빌어야 할까?

안내방송이 귀를 울린다. 벌써 대전역에 닿았다. 잠시 서 있는 동안 내릴 사람은 내리고 탈 사람은 탄다. 문이 닫힌다. 기차는 다시 움직인다. 속도를 점차 높인다.

'기차길옆 오막살이 아기아기 잘도 잔다/ 칙~ 폭 칙칙폭폭 칙칙폭폭/ 기차소리 요란해도 아기아기 잘도 잔다.'

목적지를 향해 자연의 틈을 열어준 그 사이를 뚫고 무서운 속도로 달려가고 있다.

크고 바른 골짜기 한골

보잠산 골짜기가 깊어서 '한골'이라 했을까!

어쨌든 나는 평생 '한'과 같이 살았다. 무엇이 되어도 크게 되겠지라고 하는 기대 찬 생각에서 한이 버팀목이 되었고 어려움이 있을 때는 한골의 한이 힘이 되었다.

한골 출신 인물도 많다. 국문학 박사로부터 문학박사, 사회학박사, 의학박사도 나오고 교수도 나오고, 초 중등 교장도 나왔다. 시의원도 나왔고, 시인이 나와 시를 쓰고 있다. 크고 작은 사업가가 나오고, 트랙터로 논밭을 일구는 억척스런 농사꾼도 있다.

내 어릴 때는 백 여 호가 한 동네였다. 아래뜸 위뜸으로 편을 갈라 축구시합도 하고 어울려 놀면서 공부도 했다. 짚을 뭉쳐 새끼줄로 감아 짚볼을 만들어 찼다. 줄다리기, 그네타기, 연날리기, 팽이치기, 때기치기

(딱지치기), 제기차기, 통태(굴렁쇠) 굴리기, 자치기, 말타기, 숨바꼭질을 하며 해지는 줄을 몰랐다. 진뺏기 놀이로 동네 구석구석을 어둡도록 뛰어다녔다. 봄이 되면 울타리 밑에 개나리가 피고 어미닭이 병아리를 데리고 다녔다. 개울가에 물오른 수양버들가지로 횃기(버들피리)를 만들어 불었다.

친구들은 송얍당으로 몰려가 편을 갈라서 야산(野山)의 위아래를 신나게 달리면서 진뺏기 놀이를 했다. 장구덩이 잔디위에서 씨름을 하다가 포강(작은 저수지)으로 내 달음 쳐 멱을 감았다. 저녁에는 횃불을 만들어 들고 도랑(시냇가)에서 가재를 잡았다. 처마 밑에 찾아든 참새사냥도 하면서 컸다. 우리가 동네를 지킨다는 애향심 하나로 매일 밤, 당번을 짜고 돌멩이를 짝짝 치면서 안개 자욱한 새벽까지 야경한다고 동네를 돌아다녔다. 그 중심에는 항상 뽕나무가 많았다는 뽕낭끌(뽕나무 골)이 있었다.

저녁을 먹고는 커다란 정자나무가 있는 뽕낭끌에 사람들이 모였다.

먼 옛날 부석(아궁이)에 불을 때던 어떤 계집아이가 부작떼이(부지깽이)로 저 앞 세정들에 돌이 걸어가는 것을 가리키면서 “어, 저기 봐. 희한하다. 돌이 걸어간다!”라고 하자 그 자리에 돌이 멈춰 서버리면서 선돌이 되었다는 ‘선돌전설’을 어른들로부터 많이도 들었다. 만약 그 돌이 발리치 고개까지만 걸어갔었더라면 저 넓은 세정들이 서울로 되었을 거란다. 참고 기다릴 줄 아는 인내심을 기르기 위한 우리 동네 선조들의 가르침이었을 게다. 우리는 이야기 잘 해주시는 할머니의 이바구(이야기)를 구수하게 들으며 모기에게 시달려도 밤 깊어가는 줄을 몰랐다. 그때 들은 ‘반쪼가리’, ‘단방구 장사’, ‘도둑 수길이’ 등은 아직도 귀에 쟁쟁하다. 나는 교사가 되어 아이들에게 하루에 조금씩 연속극처럼 그때 들은 이야기를 시리즈로 들려주어 주의 집중력을 키우는 자료로 활용했다.

친구들 몇이 모였다. 우리가 크면 고향에 필요한 일이 무엇이 있을지 의견을 모아 힘을 합쳐 해보자고 다짐을 하기도 했다. 그런 우리는 항상 가슴 속에 크고 바른 한골의 '한'자를 품고 자랐다.

저 높은 보잠산, 작당산, 성안골, 숲골, 금골, 참새미골이 우리 동네를 둘러싸고 있다. 이들이 나를 키우고 우리를 보살펴 주고 있는 것만 같았다.

우리 몇몇 친구들은 '한골 모임'으로 20년 넘게 만남을 계속해 오면서 고향을 그린다. 한 때는 4H 활동으로 비탈진 산을 개간하여 고구마를 심고 호박을 가꾸면서 자립심을 키웠다. 벌거숭이산에는 아카시아를 심고 소나무를 심었다. 학교에서는 애향단을 조직하여 마을 청소를 중심으로 도랑(작은 개울)을 치면서 선후배들과 우의를 다졌다.

중학교 1학년 때였었다. 영어 선생님께서 "Where do you live?" 하고 물으셨다. 난 "I live in Han-gol." 했다. 한골이라는 내 발음이 서투르고 어색했던지 친구들이 킥킥 웃었다. 그 때는 한골이라는 우리 마을 이름이 부끄럽기만 했었다.

세월이 흘렀다. 명절이 되어 고향에 갔다. 고향 골목을 돌았다. ○○친구 집 옆으로 가면서 블록 담 너머로 집안을 물끄러미 넘어다본다.

그 때 그 장면들….

마당(뜰)에 적의하게 구덩이를 몇 개 파 놓고 병뚜껑을 손가락으로 퉁겨 넣으면서 차례로 돌아 먼저 끝내는 편이 이기는 놀이를 하고 있다. 장면이 바뀐다. 편을 갈라 제기를 찬다. 훌짝훌짝 하나 둘 셋 넷. 이번엔 자치기 놀이다. 편을 짜고 차례를 정하여 순서대로 진행된다. 자치를 쳐서 홈으로부터 멀리 떨어지게 하는 편이 이긴다.

우리들은 고향의 하새미 물을 자주 먹었다. 얼마나 시원했던지! 한번은 병원에 입원했을 때였다. 목이 말랐다. 옆에는 가족들이 걱정을 하고 있었는데 그 하새미 물이 간절히 생각나는 것이었다. 소가 물을 먹듯이 머리를 숙여 입을 물에 담그고 쭉쭉 들이켜 봤으면 병이 다 나을 것 같았다. 그렇게 고향의 샘물이 간절할 수가 없었다.

얼마 전 동네를 둘러싼 성안을 돌아 백장골을 지나고 가장 높은 보잠산 정상에까지 올랐다. 낮은 구름이 동네 역사를 가득 안은 기운이 되어 동네를 덮고 있는 것이었다. 그 옛날로부터 오늘에 이르기까지 저런 기운이 생성되었다가 사라지기를 몇 번이나 해 왔을까….

우리 동네 한골이 예처럼 이웃과 오순도순 따듯한 정을 나누고 산과 들과 개천이 함께 어우러져 평화롭고 아담하게 살아가는 그런 고향마을로 언제까지나 계속 이어지기를 염원해 본다. 그러는 동안 해는 서산으로 기울고 있었다.

(2013. 『수필문학』 4월호)

메타스퀘어 꼭대기

곧게 선 메타스퀘어 꼭대기가 흔들리고 있다. 이리저리 바람 부는 대로다. 위로는 푸른 하늘인데 아래로는 곧고 바른 몸체가 대지에 뿌리를 내리고 받쳐주고 섰다.

묘포장(苗圃場)에서 싹을 틔우고 이곳으로 옮겨 심겨져 지금껏 한 곳에 자리 잡고 커왔다. 하루 가고 이틀 가고 세월 따라 흔들리며 몸집을 불리어 왔다. 가뭄도 겪고 장마도 견뎠다. 푹푹 찌는 아스팔트 열기를 온몸으로 받기도 하고 엄동설한의 찬바람도 견뎌냈다. 바람 없는 날은 꼼짝도 하지 않다가 세찬 바람(태풍)을 만날 때면 몸통전체가 소리치고 울며 버텼다. 그러면서 사시사철 그 자리에 그대로 꿋꿋이 서서 키를 키웠다. 가장 안전한 원뿔(원추)모양으로 형태를 갖추면서 만반의 준비를 했다.

하늘을 나는 각종 비행기를 위로 지켜보며 둥지로 날아드는 새들 가족을 품어 안아 키워냈다. 무성한 잎으로 나무그늘을 만들어 지나가는 행인의 그늘이 되어주다가 잎을 떨구어 추위를 견뎠고 따뜻한 봄을 맞을 준비를 했다. 새 잎이 돋는가 싶더니 어느새 단풍 들어 낙엽으로 떨어진다. 내할 일 다 했다는 듯 빗살 잎들은 임무를 끝내고 작은 꽃잎처럼 떨어져 내린다. 꼭대기는 흔들림이 해마다 줄어들며 곧은 몸통으로 변해갔다. 그러는 한편 계속 여린 새로운 꼭대기가 만들어지면서 위로 그리고 위로 뚫고 올랐다.

아득한 공룡시대부터 대를 이어 살아왔다는 메타스퀘어다. 매년 빗살 잎을 만들고 떨어뜨려가며 살아있는 화석으로 불리면서 몸통과 가지 속에 역사를 새겨 넣었다. 아래로 버스가 지나가고 택시가 내달리는 것을 말없이 서서 보고만 있었다. 규정 속도를 지키며 지나가는 자동차를 보면서 고개를 끄덕이고 출근길을 위해 급히 내달리는 승용차를 보면서 머리를 살래살래 흔들기도 했다. 온갖 것을 다 보고 온갖 소리를 다 들으며 온갖 풍파를 다 겪으면서 조금 씩 조금 씩 메타스퀘어는 그렇게 자라고 있었다.

노란 모자를 쓰고 예쁘게 차려입은 어린이들이 손에 손 잡고 줄지어 지나가는 것도 보았고, 상품을 잔뜩 실은 트럭이 조심조심 지나가는 것도 보고 현장에 가서 듣고 보고 배우고 돌아오는 현장학습 학생을 태운 차량이 줄지어 지나가는 모습도 잎줄기를 흔들며 지켜보고 있었다. 그러면서 약하고 연한 잎과 줄기는 계속 새로운 꼭대기를 만들면서 키와 몸통을 쉬지 않고 흔들어 강하게 튼튼하게 키워내고 있었다. 몸통과 키를 얼마나 더 키울 것인지 푸른 하늘을 향하여 머리를 쉴 새 없이 흔들고 있다.

푸른 하늘인가 싶더니 어느새 구름이 모여들고 빗방울이 떨어진다. 온갖 먼지로 얼룩진 잎과 가지를 때맞추어 흔들어대며 씻어 낸다.

무더운 여름날, 뭉게뭉게 뭉게구름은 꼭대기 위 하늘로 지나가고 새털구름도 유유히 흘러간다. 7색 무지개가 하늘을 수놓고 붉게 물든 저녁노을을 바라보며 메타스퀘어는 머리를 살래살래 평화롭게 흔들고 있었다.

우리나라가 경제규모 세계 10위, 무역총액 세계 7위, 그렇게 발전하고 있었던 것을 메타스퀘어는 다 알고 있다는 듯 머리를 이리로 저리로 쉼 없이 흔들었다. 노사갈등이 잘 조정되지 못하여 파업을 하고 있어도 한 결 같이 다 안다는 듯 머리를 흔들고 있었다.

햇빛을 끌어 모아 키와 몸통을 키우고 밤에는 하얗게 쏟아져 내리는 달빛을 받아들여 빗살 잎사귀에 무늬를 새겨 넣고 총총한 별빛을 받아 따뜻하게 가슴을 키우면서 싱싱하고 튼튼한 한 그루의 성체(成體)로 자라고 있었다. 부드럽게 계속되는 꼭대기는 언제까지 그렇게 머리를 흔들고만 있을는지. 좀 지나고 나면 다시는 이렇게 흔들어 볼 수 없게 될 것이라는 아쉬움에서인지 그저 쉬지 않고 계속 흔들고만 있었다.

'부드러운 것은 잘 부러지지 않는다, 부드러움이 강하다'는 것을 세상에 몸으로 보여주기라도 하려는 것일까. 거칠고도 세찬 바람에 휘었다가 다시 일어서 중심을 잡는가 싶더니 여전히 계속 흔들리고 있다. 그러면서 커 간다. 먼 훗날을 위해서.

산이 물이었네!

창녕군 도천면 동남쪽에 있는 작은 동산(童山)에 오른다. 소나무 숲과 어우러진 무성한 잡목과 풀들이 자라고 있는 사이 길을 걷는다. 우연히 지나다가 공룡 발자국 안내판을 보고 '산위에 공룡발자국!' 이라는 호기심에 그곳으로 찾아가는 길이다.

드디어 산 정상, 넓고 편편(便便)한 커다란 지층 바위가 나타났다. 거기엔 수백 개의 공룡 발자국이 선명하게 찍혀 있었다. 울퉁불퉁 입체적인 큰 도장을 쿵덕쿵덕 찍어 놓은 것 같다. 엄마공룡, 아기공룡 등 10여 마리가 줄지어 걸어 다녔던 그 발자국들이 이렇게 화석으로 남게 되었다.

'그 당시의 공룡 발자국은 이렇게 화석으로 남았지만 그 시대 바로 여기 늪 주변에 살던 생물들은 무엇으로 어떻게 변해갔을까, 1억 년 전 공룡(恐龍)이 이곳에 살았다면 습지가 아니었던가, 습지가 솟아 산으로

되었다!' 산을 보고 공룡이 살았을 그 당시 이곳 습지 모습을 떠 올려본다. 하늘은 푸르고, 바람은 불고, 주변으로는 암몬조개, 원시게, 새우 등 갑각류와 갖가지 생물들이 평화롭게 살아가고 있다. 지금은 볼 수 없는 당시의 물고기와 이름 모를 벌레들이 헤엄치고 다니며, 물 위에는 갖가지 수초가 떠 있고, 비룡이 시조새와 어울려 하늘을 날며 늪 가장자리에는 공룡들이 뚜벅뚜벅 걸어 다닌다.

아! 그 때 나는 어디서 무엇을 하고 있었을까, 이로부터 1억년 후에 내가 이곳에 서 있으리라고 어느 누가 상상인들 할 수 있었을까.

바위에 새겨져 있는 공룡 발자국을 바라보면서 지금 내가 생각에 잠긴 채 여기에 서있다. 앞으로 1억년 후가 되면 이곳은 또, 어떤 모습으로 변해 있을 것인가, 필리핀 가까이 엠덴 해구처럼 세계에서 가장 깊은 바다로 되지는 않을까. 아니면 더 높은 산 정상이 되어 있을 것인가.

산위에 펼쳐져 있는 드넓은 화석바위를 다시 바라본다. 바위를 보고 다시 늪을 본다. 물을 느낀다. 세월이 흐르면 결국 또, 산은 물이 되리라! 저 건너편 옹기종기 솟아 있는 산도 물이 될 게다. 산은 물이고 물은 산이로구나.

불과 몇 년 전이었다. 할아버지 할머니께서는 나를 끔찍이도 귀여워해 주셨다. 먹을 것이 귀하던 시절, 어쩌다 동네 어느 잔치 집에 가시면 곶감이랑 문어다리, 강밥들을 손자 생각에 조금씩만 잡수시고 가져 오셔서는 나무 궤짝에 넣어놓으시고 하나씩 꺼내어 내 손에 쥐어 주셨다. 그러고 세월이 흘렀다. 까마득히 멀어져 가면서 이러한 일들은 또한 나의 작은 역사 속에 남겨진다. 잘 사는 사람, 못 사는 사람, 때로는 즐겁고 슬프고 화나는 일상으로 살아가는 사람들이 있는가 하면 즐겁게 웃음꽃을 피우면서 행복하게 살아가는 사람도 있다. 이렇게 대를 이어 살아가다가 몇 백 년, 몇 천 몇 억 년 후에는 이 모든 것이 또 어떤 모습으로 변해갈까!

이 더운 여름날, 산에 올라 시원한 물을 본다. 중국 송나라 화가 종병(宗炳)은 각지의 명산을 둘러보고 느낀 감정을 그림으로 나타내고는 그걸 보고 즐겼다는 와유(臥遊)의 기분을 알만도 했다. 산도 시원하고 물도 시원하다. 이런 주위 환경에 따라 온 몸이 더욱 시원해짐을 느낀다. 때에 따라 또, 생각에 따라 내 주위환경을 얼마든지 내 것으로 만들 수 있지 않을까, 또한 어려운 일이 있다 해도 그 이면(裏面)에 숨겨진 즐거움은 분명 있을 테다.

각종 강연회가 열린다. 건강을 위해서 많이 웃으라고들 한다. 몸 전체가 즐거워지고 따뜻해진다고 했다. 내가 어디에 있든 어떤 환경에 처하든 그것은 큰 문제가 되지 않는다. 생각에 따라 느낌에 따라 그 대상은 산이 되기도 하고 물이 되기도 한다. 세월을 멀리 건너뛸 수만 있다면 산은 물이 되고 물은 산이 된다는 것을 확인해 볼 수 있으련만….

산에서 물을 보며 공룡 발자국이 선명한 바위산을 뒤로 할 때는 주위가 벌써 어두워지고 있었다. 이 또한 역사 속의 한 작은 흔적으로 남겨지고 있겠지!

(『백야에 핀 꽃(2015)』 한국신문예문학회 사화집, 제10호)

깜박이등

신호등이 녹색불로 바뀌었다.

기다리고 있던 사람들이 횡단보도를 건너간다. 신호를 알리는 숫자는 초 단위로 깜박이며 그 숫자가 줄어든다. 걸음이 늦거나 몸이 좀 불편한 사람도 있고 뛰어가는 어린이도 있다. 이때 맞은편에서 달려오는 차 한대가 깜박이등(방향지시등)을 켜지 않고 우회전하기 위해 차머리를 밀어 넣는다.

운전자는 차를 운행하면서 직진할 것인지 우회전 또는 좌회전할 것인지를 앞차, 뒤차, 보행자에게 방향을 미리 알려 주도록 하기 위해 방향지시등, 깜박이등을 사용한다. 또한 직진을 제외하면 거의 대부분 다른 차가 보내는 깜박이등과 비상등, 브레이크등을 보고 그 차의 운행상황을 판단하게 된다.

뒤따라가는 차는 앞에 가는 차가 깜박이등을 넣지 않을 경우, 직진 외에는 좌우 어느 방향으로 운행하게 될는지 알 수가 없다.

또, 좌회전하면서 좌회전 깜박이등을 켜지 않는 경우, 직진하면서도 우회전 또는 좌회전 깜박이등을 잘못 계속 켜 놓아 옆 차선에서 운행하는 운전자를 불안하게 하는 경우, 깜박이등을 켜지 않고 슬그머니 끼어들기 하는 경우 등 이들 운행의 기본규정을 지키지 않는 차를 볼 때면 짜증이 난다.

한편, 골목길에서도 많은 사람들이 걸어 다니고 있다. 운행자는 좌회전 또는 우회전 할 때에는 깜박이등으로 보행자에게 그 방향을 미리 알려 주어야 한다. 그래야 운행자가 보내는 신호를 보고 보행자는 어떻게 가야할 것인지 바르게 대처할 수 있게 된다. 이들 기초기본 질서는 아무리 작은 것이라 해도 소홀히 해서는 안 될 일이다. 인명과 재산에 관련되는 큰 재앙이 순식간에 일어날 수 있기 때문이다. 깜박이등의 경우, 조명스위치를 위 또는 아래로 손가락 하나 까딱하면 될 일인 데도 실행하지 않는다는 것은 어떻게 보면 가장 단순한 기초기본에 관련된 개인의 운행 습관의 문제일 수밖에 없다.

한 사람이 규정을 지키지 않고 끼어들거나 기본을 무시해 버리는 단순한 행동을 해버린다면 그것을 보고 다른 사람도 따라서 하는 일이 일어나게 된다. 모두가 불편해질 수밖에 없다. 깨진 유리창 이론에서와 같이 꼬리에 꼬리를 물고 단순하게 그를 따라하는 행동이 연이어 일어나듯이….

직진과 좌회전 모두 1차선에서 동시신호를 받아 진행하는 차도가 우리 주위에 많이 있다. 이때 좌회전 깜박이등을 깜박깜박 넣어주면 뒤따르는 차로 하여금 '좌회전하려는 차가 앞에 있구나.' 하고 미리 준비를 할 수 있게 된다. 이는 경고등 역할도 겸한다. 그러나 아무런 신호도 없이 서 있다가 휑하니 회전해버리는 차를 볼 때는 그 차 꽁무니가 원망스럽기도 하다.

어느 날 나는 시청 광장 한쪽에서 좌회전 차량이 신호대기로 멈춰 서 있을 때 깜박이등을 넣는 차량이 얼마나 될까 하고 살펴보았다. 10대 중 두세 대 정도가 깜박이등 신호를 보내고 있을 뿐 나머지 차량은 실천하지 않고 있었다. 왜 그럴까? 이 간단하고 쉬운 일인데도…. 뭐가 그리 힘들어서 실천하지 않는 것일까 하고 안타까운 마음에 한참을 보고 서 있었다. 좌회전 하는 차는 좌회전 대기 차선에 서있는 동안 좌회전 신호로 바뀔 때까지 깜박이등을 넣고 하나같이 깜박거리면서 기다리는 모습을 보고 싶다. 어디 나 뿐일까.

깜박이는 서로간의 소통수단이다. 미리 나아갈 방향을 상대방에게 알려주는 배려이기도 하다. 많은 사람들이 방향전환 할 때 깜박이등을 켜야 하지만 왜 켜야 하는지에 대해서는 예사로 생각하는 것 같다. 깜박이는 내가 앞으로 어떤 운행을 하겠다는 것을 상대방에게 미리 알려주는 전조현상과도 같다. 어느 의학 전문가는 사람들의 몸에도 어떤 변화가 일어날 때가 되면 이상 신호가 먼저 온다고 한다. 우리는 그것을 잘 느끼지 못해서 그렇지 분명 전조증상은 있다는 것이다.

이처럼 모든 것이 갑자기 이유 없이 일어나는 것은 없다. 나 역시 젊

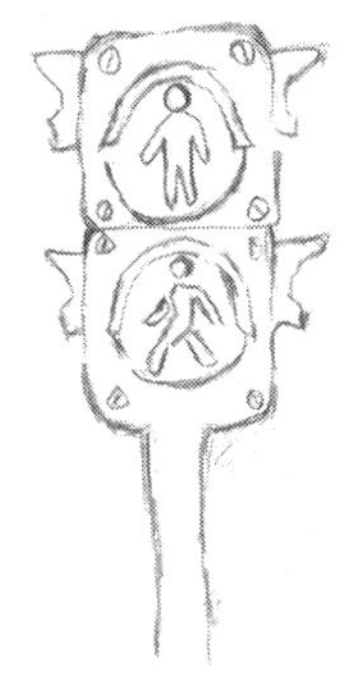

어서는 황소도 때려잡을 듯 하는 힘과 패기가 넘쳤었다. 세월을 보내면서 몸에 이상 신호가 왔다. 팔다리 어깨가 아파도 이러다 말겠지 하고 예사로 생각했었다. 몸이 보내는 신호를 무시해 버렸다. 이제 공직에서 퇴직을 하고보니, 그렇게 넘쳐나던 활기는 한여름 땡볕에 시들은 풀잎처럼 쇠잔해졌다. 이 또한 미리 준비하고 대비 하라고 분명 몸은 전조증상으로 알려 주었을 것인데 그것을 잘 몰랐거나 무시하고 지나쳤다. 결국 요즘은 다리 관절이 좋지 않아 걷기에 고통을 느끼고 불편하게 됐다. 이 모두가 나에게 오는 깜박이 현상이었다.

주행 중 사고는 깜빡이등을 안 켜서 일어나는 사고가 대부분이 아닐까하는 생각도 든다. 길을 걷거나 계단을 오르내릴 때는 우측으로 걷는다. 공동으로 쓰는 물건은 차례를 지키고 또 아껴 써야한다. 줄을 서야 하는 곳에서는 순서에 따라야 한다는 등 어릴 때부터 배워왔던 기초기본 행동들이 주위 곳곳에서 우리를 그렇게 하도록 기대하고 있다.

손가락 하나만 까딱 움직이면 비상등을 켜서 미안함을 표시할 수 있고 손가락 한 번만 움직이면 깜빡이등을 켜서 뒤에 오는 차량이 안전운전 할 수 있도록 도움을 줄 수 있건만 하지 않는 것이 습관으로 굳어진 운행자를 볼 때는 정말 이해하기 어렵다.

교육자로 한평생 외길을 걸어오면서 요즘 나는 수필가로 새로운 인생을 시작하는 것 같다. 내가 걸어온 인생길을 되돌아보며 과연 나는 얼마나 기초기본, 아니 기초질서를 잘 지키며 깜빡이등을 켜 왔는가하고 다시 한 번 더 생각해 보게 된다.

(2013. 『수필문학추천작가회 연간사화집』 제23호)

4

신나는 올림픽

자기 마음을 나타내어보고 싶었던 한 장애제자가 그리는 그림을
옆에서 지켜보고 있었다. 어찌나 열심히 그리고 있던지!
그가 그린 그림에 대해 부분 부분을 물어보고 대답한 내용을 메모해
두었다가 글로 옮긴 것이 『신나는 올림픽』이다.
자기 일에 최선을 다하며 살아가는 진솔한 모습을 보는 것 자체가
하나의 즐거움이었다.

재능의 싹

봄이 되면 곳곳에서 갖가지 싹이 움터 나온다.

거친 땅을 뚫고 또는 메마른 가지에서 솟아나오는 싹을 보면 가슴 뭉클하게 반갑다. 그 부드럽고도 힘찬 잠재력이 놀랍기만 하다. 어디에 그런 힘이 숨어 있었던 것일까! 이로부터 튼튼하게 자라서 꽃 피고 열매 맺기 위한 한 개체의 새로운 출발이 시작된다.

우리에게도 움틀 준비를 하고 있는 그런 갖가지 재능의 싹이 잠재되어 있다. 특기 적성과도 같다. 베토벤, 아인슈타인, 펠레, 김연아 같은 유명인들은 그들에게 잠재되어 있던 재능의 싹을 틔우고 잘 길러낸 경우라고 할 수 있다.

베토벤이 음악과 가까이 할 수 없는 곳에서 태어났었다면, 김연아 선수가 아이스링크와 아무런 관계도 없는 환경에서 성장했더라면, 반면 아무리 환경이 좋다고 하더라도 특기적성 계발에 노력을 기울이지 않았었다면?

제프 콜빈(Geoff Colvin)은 "신중하게 계획된 연습으로 재능을 단련해야 한다."면서 "재능은 혹독한 훈련을 거친 후 그 빛을 발한다."고 했다. 결국 발견과 노력이다. 우리 주위에는 각종 심리검사(흥미 · 적성)기관, 놀이시설, 특기적성 교실 등 재능을 찾아내고 키울 수 있는 곳이 곳곳에 많이 있다.

나에게는 어떤 특기적성이 싹틀 준비를 하고 있을까, 그 고유한 특기적성을 아직도 찾지 못하고 지나온 것은 아닐까?

재능이란 개인이 타고난 능력과, 훈련에 의하여 획득한 능력을 아울러 이르는 말이다. 그림, 그리고 싶은 마음이 솟아나는가, 느낄 수 있는가, 계속하여 그림을 좋아한다 해도 결국 싫증내거나 포기하거나 하지는 않을 것인가, 축구는 어떤가, 야구는 어떨까, 수영은? 평생 이런 일, 이 특기로 노력하면서 살아간다고 해도 잘 할 수 있을 것인가, 멀고도 광대한 우주가 어떻게 생겼는지, 또한 그 끝은 어딘지, 앞으로 우주가 어떻게 변화되어 갈 것인지, 이런 것들에 계속 흥미를 가지고 있지는 않는가, 있다면 이를 계발시켜 보고 싶지는 않은가? 글을 쓴다는 건 또 어떤가, 쓰고 싶고 읽고 싶은 마음이 계속해서 일어나는가, 꼭 하고 싶은 일인가?

내가 잘 하는 것, 잘 할 수 있는 것에는 어떤 것이 있을까, 나와 내 주변 환경은 어떤가, 내가 잘 할 수 있는 것(才能)을 찾아내어 이를 또,

잘 키워 갈 수 있을 것인가?

세계 제일의 운동선수가 될 수 있는 특기적성이 나에게 잠재되어 있다 해도 이를 발견하고 키워내지 못한다면, 세계적 피아니스트가 될 수 있는 음악적 재능을 타고 났는데도 피아노와는 동떨어진 곳에서 성장한다면, 그래서 잠재된 재능을 발견하여 이를 끌어내고 발전시키지 못한다면, 무슨 소용 있을까? 안타까운 일이 아닐 수 없다.

나의 재능! 틔워지기를 기다리고 있는 나의 재능의 싹을 나는 아직 찾아내지 못하고 있는 것은 아닐까. (2015. 『수필문학』 3월호)

껌

옛날 한때 껌은 부러움의 대상이었다. 낮에는 잘강잘강 씹다가 밤이 되어 잠을 자야할 때가 되면 아무도 모르게 나만 아는 비밀스런 곳에 살짝 붙여놓는다. 다른 사람이 그것을 알고 떼어 가지 못하도록 조심조심 붙여놓곤 했었다. 벼륵방(벽) 구석에 붙여놓기도 하고 기둥 한 쪽 모퉁이에 붙여놓기도 하고 장롱 밑 은밀한 곳에 붙여 놓기도 했었다. 다른 사람에게 들키기라도 하면 더러 도둑을 맞는다.

아침에 일어나면 엊저녁에 붙여놓았던 껌부터 찾아 다시 떼어내어 씹기 시작한다. 내입에 일단 넣어놓아야 안심이다. 그때부턴 다른 아이들이 따라다니며 부러워 할 테니까! 동생이 어느새 껌 좀 나누어 달라고 따라다니기도 한다. 그러면 선심 쓰듯이 조금 떼어주면서 “이제 내말 잘 들어. 알겠지!” 하며 다짐을 받아놓고는 으스대곤 했었다.

껌 씹는 소리를 딱딱 내는 것은 하나의 멋이었다. 재주였다. '깍깍딱딱', 비스듬히 한쪽 발을 앞으로 내밀고 폼을 잡고 서서 껌 씹는 모습은…! 나도 언제 저런 폼으로(자세로) 서서 저런 껌 씹는 소리를 내어볼 수 있을 것인가! 뿐만 아니라 씹다가는 양손 엄지와 검지로 껌을 쭉쭉 늘어뜨리며 뽐내기도 한다. 한발이나 껌을 뽑아내며 끊어질 듯 끊어질 듯 아슬아슬한 재주를 부리기도 한다. 신기했다. 씹던 껌을 혀로 교묘히 밀어내어 위아래 입술로 적절히 조절하면서 '후후' 불어내어 여러 개의 작은 풍선으로 만드는 것을 보면 기가 막힌다. 한편으로 더 크게 좀 더 크게, 그러다가 그만 펑 터지면 입으로 훌훌 빨아올려 질겅질겅 폼 나게 딱딱 다시 씹는다. 여기서 멈추지 않고 기술은 더 발전한다. 양손 엄지와 검지 두 손가락으로 껌을 늘어뜨려 잡고 입김을 솔솔 불어내어 풍선을 여러 개 만들어내는 기술쟁이도 있다. 어디 그 뿐인가. 입에서 껌을 불어내어 두 손가락으로 종잇장처럼 만들고는 입술로 딱딱 소리를 내며 톡톡 터뜨려 구멍을 하나하나 차례대로 내어가는 것을 쳐다보면 그렇게 부러울 수가 없었다. 언제 나도 저런 재주를 부려볼 수 있을 런지! 미래의 어느 한 때를 생각하며 마음을 달래곤 했었다.

어른 앞에서 껌을 씹을 때는 조심해야 한다. "어디서 건방지게 딱딱 씹누?" 하며 꾸지람을 듣기도 한다. 어른들 눈에는 딱딱 껌 씹는 모습이 그렇게 좋게 보이지는 않았던가 싶다. 공부시간에도 그렇게 씹고 싶었던 껌을 선생님 몰래 살짝살짝 씹다가 들키기라도 하면 큰일 난다. "너, 껌 씹었지?" 아니랄 수도 없다. 입을 벌려보라고 하시면 영락없이 탄로가 날 것이기 때문이다. 그래도 스릴 있게 껌을 씹는 맛이란!

사실 껌은 잘만 씹으면 도움 되는 일도 많다. 치아 사이사이에 낀 음식물찌꺼기를 제거해 낼 수 있고 침샘을 자극해서 침으로 하여금 소화를 돕게 하기도 한다. 어디 그 뿐인가? 창의력도 높여주고 치아의 저작운동(詛嚼運動)으로 두뇌에 좋은 자극을 줄 수도 있다. 무료할 때나 긴장할 때 껌은 잡생각을 덜어주고 주의를 집중시키는데도 도움을 줄 수 있다는 사실이 밝혀져 있다. 야구선수들이 껌을 씹는 모습은 흔히 볼 수 있는 일이다.

껌은 처음 멕시코 인디언들이 사포딜라라는 나무의 수액을 굳힌 치클을 씹던 것을 100여 년 전 미국에서 츄잉 껌(Chewing Gum)으로 개발되어 세계로 퍼져나갔다고 한다. 껌은 고무진액에 맛으로 달달한 설탕을 넣고 박하 등 향료를 가미해 만들기도 한다. 하기야 요즈음은 건강을 고려해서 무가당 껌도 나와 있긴 하지만. '단물만 빨아먹고 뱉어버린다'는 속담은 껌을 두고 하는 말이다. 떨어지지 말고 껌처럼 붙기만 해 보라는 말도….

내가 어릴 때, 우리 동네 점방(상점)에 가서 3원짜리 껌 1개를 사와서는 오물오물 단물과 함께 잘강잘강 씹었었다. 혓바닥으로 이리저리 굴려가면서 어금니에서 송곳니로, 앞니로 왔다가 다시 어금니 쪽으로 보낸다. 그 맛이란!

당시에는 껌 대용품도 많이 등장했다. 소나무 송진을 따 모아 삼키지 않고 오래 씹으면 유사 껌으로 되었다. 또 어떨 때는 남의 농사지은 풋

밀을 서리하듯 슬쩍 베어다가 불에 그을러 양 손바닥으로 비비면서 거친 껍질은 훌훌 불어내고 입에 털어 넣고는 삼키지 말고 오래 씹으면 그렇게도 부러워하는 찐득찐득한 껌 유사품이 된다. 간혹 잘못 넘어가버리기라도 하면 새로 시작해야 했다. 어쨌든 참고 견뎌내야 껌으로 되었으니.

'떨어지지 말고 껌처럼 붙기만 하거라.'면서 껌에다 소망을 실어보기도 하고 '껌처럼 질겨야 한다.'라고 해서 그 끈기력을 껌에서도 배웠다.

세월 따라 껌도 진화하여 자일리톨껌, 졸음쫓는껌, 금연껌, 커피껌, 아카시아껌, 풍선껌 등 다양하게 나와 있다. 맛은 또 어떤가? 사과맛, 인삼맛, 딸기맛, 파인애플맛 등을 내는 껌이 있는가하면 박하 향료를 넣어 입안을 상쾌하고 시원하게 해주는 껌도 있다. 역사와 더불어 얼마나 더 개량되어 갈 것인가. 어떤 껌들이 더 나올 것인지 자못 궁금해진다.

신나는 올림픽

"인철아, 네가 그린 그림 1등 했다~."

"어~ 아닌데."

하고는 자기하고 상관없다는 듯 계속 쓰던 글씨에만 관심을 둔다. 제 4회 전국심신장애인 작품전시회 회화부문에서 금상을 차지했다는 소식을 듣고 내가 인철이에게 해 준 말이다. 금상 수상작품은 1년간 세종문화회관 대전시실에서 전시를 하게 된단다.

4절 켄트지에 말로만 듣던 올림픽 모습을 오목조목 그려놓고 기뻐하던 인철이의 얼굴 모습이 엊그제처럼 생각난다. 흡사 여러 장의 작품을 다시 한 장의 큰 종이(화지)위에 옮겨놓은 것 같은 그런 그림이었다. 도화지 중앙에는 모자에 긴 꼬리를 단 호돌이가 큼지막하게 그려져 있고 그 주위에는 수영, 축구, 사격, 양궁, 권투 또, 군데군데 구경하는 관중

들이 표정도 다양하게 배치되어 있었다. 나도 이 세계인의 축제, 우리민족의 대 잔치에 참여해야 된다고 하는 생각을 그림을 통해서 만이라도 나타내어 보려고 한 것이 틀림없다. 연필로 왼쪽 위에서부터 하나하나 그리더니 나중에는 그 왼손으로 색칠을 곱게 해나갔다.(*오른 손은 장애로 잘 쓰지 못했다.) 크레파스가 지나간 자리에는 형체가 나타났으며, 이 또한 한쪽에서 한 장면씩 차례대로 채색 되어갔다. 24색 크레파스 통에서 마음에 드는 색을 골라 하얀 종이 위에 쓱쓱 문지르는데 마치 비행기가 공중 곡예로 푸른 하늘에 오색 줄을 죽죽 긋듯, 도화지에 아름다운 색깔을 매끈하게 입혀나간다. 마지막으로 좀 미흡한 부분에는 연필로써 형체를 뚜렷이 나타내었으며 88이라는 글자도 써 넣는다. 이렇게 해서 완성시킨 작품이 '신나는 올림픽'이다.

인철이는 왼쪽 다리가 불편하여 기우뚱 거리며 걷고 아직 말문이 트이지 않은 듯 의사 전달을 잘하지 못한다. 금년 2월에 처음 학교로 나왔으며, 3~4월까지는 무엇을 그리는 건지 그저 색칠하는 데만 정신을 쏟고 있었다. 도무지 그림을 잘 그려 보려고 하지 않는 것 같게만 보였다. 그러던 것이 차츰 그림의 형태로 굳어져 가더니 5월의 어린이 날 학교 유·초·중·고등부 합동행사 때에는 '아버지, 어머니'라고 주어진 제목의 그리기 대회에서 처음으로 전교 최우수라는 영광을 안게 되었다.

인철이는 부모님이 안 계신다. 여러 가지 색깔 속에 숨은 듯이 나타낸 어머니 아버지, 그 옆에 묘소를 그려놓은 그림이었다. 다른 친구들 하고는 달리 안 계시는 부모님에 대한 애틋한 생각을 그렇게 나타낸 것이었다. 아버지 어머니가 원망스러웠을까! 아니면 막힌 말문을 터서 "아버지, 어머니!" 하고 큰 소리로 고함이라도 쳐보고 싶었을까!

인철이가 세 살 되던 어느 날, 고열에 시달리며 사경을 헤매고 있었을 때 어머니의 지극정성 간호가 있었건만, 9살 되던 해에는 그 어머니와 영원히 헤어져야 했었다. 외롭고 쓸쓸했던 어린 시절을 다 보내고 이제는 형과 동생뿐인 3형제만 남았다. 이런 상황에서 인철이는 처음으로 학교에 와서 그림을 접해보게 되었다.

'이건 왜 이렇게 그렸느냐?' '그런 색깔은 못 써.' '연필은 이렇게 잡고 크레용은 이렇게 사용하는 거야.' '이게 무슨 그림이야!'라고 하는 말 대신 '참 잘 그렸다.' '이것은 무엇이냐?' '아, 그렇구나. 나무구나. 가지가 많이 있는 나무네. 인철이 그림 참 잘 그린다. 내일 또 그려보자.' '네.'

매일 그림은 뗄 수 없는 취미로 자리 잡혀 갔고 또, 그림을 그릴 때는 그렇게 열심일 수가 없었다. 그림 속에 마치 자기도 함께 어우러져서 놀고 있는 것 같았다. 그림은 사실 자기표현일 수 있다. 자기를 자유롭게 거리낌 없이 나타냄으로써 심리적인 안정을 얻을 수도 있게 된다. 나는 인철이의 그림을 이렇게 본다. 즉, 꿈, 희망, 연상, 상상, 기억, 경험, 흥미, 욕구 등을 자유롭게 형과 색으로 대응시켜 얻은 흔적이라고. 따라서 잘 그리고 못 그리고는 문제가 되지 않는다. 내가 미처 그의 그림을 이해하지 못하는 것일 뿐이다. 그럴 때 나는 그에게 그린 내용을 꼬치꼬치 물어 이해하려고 애를 쓴다. 비로소 그림의 내용을 알게 되었을 때 나름대로 정리해서 그에게 다시 얘기를 해 준다. "그렇지, 목욕탕에 가면 신을 가지런히 벗어놓고 시끄럽게 하지 않으며 몸을 깨끗이 닦은 후 옷을 단정히 입는 데 목욕하고 나면 기분이 매우 좋아진단다."는 목욕하는 그림을 보고 난 후 해 준 이야기다.

며칠 전 새 세대 육영회에서 베푼 장애어린이 잔치 후 그린 그림에서 뜻 밖에도 왼쪽 아래에 쓰레기통을 하나 그려놓았다. "이것이 무엇 이예요?" "쓰레기통" "왜 그렸어요?" "휴지 담으려고" 먹음직스런 과자, 과일, 음료수도 좋지만 먹고 난 후 깨끗이 청소해야 한다는 마음이 그림에 그대로 나타났다. "그래, 먹고 나면 쓰레기는 쓰레기통에 버려야지"라고 말해 줄 때 나의 기분은 흐뭇하지 않을 수 없었다.

한번은 도화지 가득 무지개를 영롱하게 그리더니 그 위에 슈퍼맨 같은 사람을 하나 그려 놓는다. '자기가 신나게 무지개를 타 보고 싶었을 테지!'라고 생각하며 "이게 누구야?"라고 물어보니 뜻밖에 "동생!"이라고 한다. 형으로서 동생을 아껴주는 마음이 결국 동생을 7색 무지개에 태워주는 그림으로 표현된 것이리라!

합동체육시간에는 어찌나 열심히 선생님을 따라 동작을 해 보려고 애를 쓰던지 그의 이마에는 땀방울이 맺히기 일쑤다.

아침에 선생님을 만나면 "안녕하시오?"라는 인사는 빠질 때가 없다. 성실하고 순수한 그 마음이 하얀 종이 위에 아무런 부담 없이 형상화되도록 난 옆에서 지켜보고 따뜻하게 격려해 주련다.

(2014. 『수필문학』 3월호)

제자는 담임을 가르치고

특수학교에 근무 할 때다.

특수교사 첫 해, 발달장애 아동 12명의 담임을 맡았다.

학교가 문산면에 있었는데 거의가 진주시내에 거주하므로 학교 통학버스를 탄다. 그래서 우리 어린이들에게 언제 어느 때고 가장 필요한 일은 안전하게 횡단보도를 건너는 일이라고 생각했다.

그러려면 신호등을 보고 신호를 구별할 수 있어야하며 횡단보도는 건너가야 할 때 건너야 한다.

'빨간불이 켜지면 서고 파란불이 켜지면 건넌다.' 이 간단한 규칙을 이해시키면 된다고 생각하여 열심히 가르친다. 칠판에 빨간 원을 신호등처럼 그려놓고 빨갛게 칠하여 이렇게 빨간색 불이 켜지면 건너서는 안 된다. 그런 후에 녹색원에 녹색 칠을 한 원을 가리키며 이렇게 녹색불이 켜지면 건너가도 된단다.

한참을 가르친 후 이젠 됐겠다싶어 형성평가를 해본다. 학력정착 정도를 파악해 볼 요량으로 "김대영", "예", "어떨 때 건너갈까요?", "내려오면", "그럼, 어떨 때 건너가면 안 될까요?", "올라가면", "… ?"

어허, 안되겠다 싶어 다시 피드백 하여 자료를 투입하고 재학습을 시도한다.

"이런 빨간색 불이 켜지면 서서 기다리고, 이런 녹색 불(파란 불)이 켜지면 건너가도 된단다." 하면서 열심히 가르쳤다.

다시 물어 본다. "어떨 때 건너가면 될까요?", "내려오면" 한다. 10번을 물어도 같은 대답이다.

슬그머니 화가 난다. 왜 이럴까 정말, 그러나 어쩔 수 없는 일! 결국 본 학습은 여기서 더 이상 진척 없이 끝난다. 마치는 시종 음악이 울리고 잠시 쉬는 동안 아이들을 화장실에 보내고…. 나의 무능함을 느낀다. 교실 바깥으로 파란 하늘을 올려다본다.

며칠 후 진주시내에 갈 일이 생겼다. 길을 건너기 위해서 신호등 앞에 서게 되었다. 빨간 신호등이라서 섰는데 좀 기다리니 과연 건너편 신호대의 불이 철컥 내려오는 것이 아닌가! 파랑불이 동시에 켜졌다. 건너야겠구나 생각하고 우리 반 대영이 말대로 길을 건너간다. 특수교육을 해보겠다고 대학원까지 다니면서 전공하여 특수교사 시험에 합격한 후 교육경력 22년을 넘겼건만 우리 반 대영이가 터득하여 가르쳐 준대로 불이 내려왔으므로 나는 길을 건너가고 있다.

나대로 교재연구를 하여 애 태우며 가르치는데 대영이는 자기 나름대로의 경험으로 익힌 신호등 구분 방법을 나에게 가르쳐 주었다.

학습방법이 개인에 따라 다양하다는 것을 왜 여태 나는 몰랐던고?

교육이 이래서 어렵고도 재미있다니까!

(2014. 『수필문학』 7월호)

값진 경험

흥미 있는 서예실험이 시작되었다.

서예가 별건가? 서예용구를 갖춰놓고 쓰기만을 계속해 간다면 자기만의 글체가 멋있게 나올 것이라는 관점, 기초기본에 따라 차근차근 연습해 가야 할 것이라는 일반적인 관점, 이 둘이 과연 어떤 결론을 얻어낼 수 있을 것인가? 한 열성적인 K 선생으로부터 자기주장의 검증이 시작되었다.

어느 날 나의 직장 동료 K 선생이 서예용구 한 세트를 구입하더니 그 다음 날부터 글씨 쓰기를 시작하였다. 붓과 벼루를 차려놓고 같이 구입한 서예 글본을 펼쳐 놓고는 그걸 보고 열심히 따라 쓰기를 시작하는 것이었다. 유명한 그만의 글씨체를 개발해내고야 말겠다는 각오가 단단해 보였다.

그런 며칠 후 그에게는 글본이 거추장스러운 것만 같았다. 그러더니 아예 치워버리는 것이 아닌가. 글본은 어느 누구의 글씨체든지 그것을 쓰고 만든 그 사람의 독특한 글체이기 때문에 그대로 따라 쓰기만 한다는 것은 아무 의미가 없다는 것이다. 남의 흉내만 낸다는 것이었다. 오히려 자기만의 독창적인 글체가 나오기 어렵게 만드는 걸림돌과 같다는 이유였다. 그러므로 자기 혼자만의 독특한 글체가 나올 때까지 자기의 고유한 글체를 찾아낼 때까지 연습하고 또 연습해야 한다고 역설했다. 그 후로 그는 그 이상한 논리의 길을 따랐다. 틈만 나면 오직 자기만의 글체를 찾아 끝없이 열심히 쓰고 있었다. 어떻게 그렇게 열심히 또 끈질기게 쓰던지 흡사 신들린 사람 같게만 보였다.

그는 항상 말하기를 "어느 시점까지는 어려울지 모른다. 하더라도 나의 독특한 글체가 나올 때까지 다른 방법은 없다. 계속 써야한다는 그것뿐"이라는 거였다. 그 의지가 대단해서 꼭 무언가 이루어낼 것만 같았다. 그는 여전히 어제 쓴 것을 오늘도 쓰고 내일도 쓰고 기약 없는 약속을 어떻게 해서든 꼭 이행해 보겠다는 다짐이라도 하려는 것일까. 날이 가고 달이 가도 그렇게 쓰고 또 썼지만 독특한 그의 글체는 좀처럼 나오지 않고 여전히 그 위치, 그 수준에서 그의 글씨체는 나아가지를 못하고 그 자리에서 맴돌고 있는 것 같게만 보였다. 글씨쓰기 연습으로 하여 화선지가 쌓이고 또 쌓여갔다. 아이들이 하교하고 난 교실에는 묵향만 가득했다.

꼬박 그렇게 열정적인 글씨쓰기를 거의 반년이나 계속하더니 결국 글

쓰는 일에 지치는 듯 했다. 쓰고 또 썼지만 자기만의 그 독특한 글체는 나오지 않고 매일 그의 이상한 자기 고집으로 그렇게만 붙들고 앉아 씨름만하고 있었다. 그쯤 되면 하모나(행여나) 나올 때가 되었는데 그 독특한 글체가 왜 나오지를 않을까. 어디에 숨어 있는 것일까. 자기도 암담한 것 같았고 그걸 보면서 기다리고 있는 나도 답답하였다. 그런 어느 날 그는 결국 이 모두를, 독특하게 시작한 글씨쓰기를 포기해 버리고 말았다. 그의 서예는 여기서 끝났다. 추사체, 왕희지체에 버금가는 고유한 글체를 기대했지만 그에게서 영영 멀어지고 말았다. 그렇게 말처럼 쉽게 되지 않는 것임을 그도 알고 나도 알았다. 그 후 그가 쓰던 모든 서예용구 세트와 화선지 남은 것까지를 몽땅 나에게 넘겨주면서 자기는 손을 털고 나갔다. 나를 보고 계속 이어가 보라는 당부를 하면서.

타고난 특기적성을 계발하기 위해서 먼저 그 적성이 무엇인지 찾아낸다는 것은 그것 자체가 참으로 어려운 일이기도 하다. 설사 찾아낸다 해도 자기적성을 계발해 간다는 것도 그렇지만 적절한 접근 과정을 계획한다는 것, 실천한다는 것 역시 쉬운 일이 아니다.

바라는 작품은 선천적 적성과 그에 따른 노력이, 바른 과정의 결과로 결실되어야 하는 것임을 그도 느끼고 곁에서 지켜보고 있었던 나도 간접으로 느끼고 경험했다. (2013. 9. 20.)

그 후

며칠 전 동이와 명이에게서 전화가 왔다. 4월 15일(일) 동기생 모임이 있는데 참석할 수 있겠느냐는 것이었다. 갑작스런 전화라서 긴가민가했다. 당일 9시 반에서 10시 사이에 나의 집으로 찾아오겠단다.

내가 처음 교단에 섰을 때 담임했던 5학년 1반 아이들이다. 56살 전후가 되었겠다. 어떻게 변했을까?

그 후 찾아온 이들 셋을 맞았다. 집으로 데려왔다. 차를 나누면서 그간 있었던 이야기가 오갔다. 친구들이 모여 기다린다는 부산으로 가잔다. 따라 나설 수밖에 없는 처지가 되었다.

부산역 앞 어떤 횟집에서 기다리고 있던 25명 아이들이 나를 맞아준다. 얼떨결에 준비된 자리에 앉으니 5명씩 늘어서서 설날 세배처럼 큰절을 한다. 모두 절을 마치고는 카네이션과 백합으로 장식된 꽃바구니를 들려준다. 박수와 함께. 내 첫 제자들이 모아 주는 마음들이었다.

45년 전 21살 때 새봄, 첫 교단에서 가르쳤던 56명 제자들…. 꿈에서도 종종 나타나곤 했었는데 오늘 이렇게 만나게 될 줄이야! 목이 메여 떨리는 목소리로 인사말을 했다. 그간 있었던 내 이야기부터 한다. 공부를 더 하고 싶어 야간대학과 특수교육 석사과정을 마친 일, 교원연구대회 심사위원으로 연구물을 심사하던 도중 쓰러져서 사경을 헤맸던 일, 땀 반 눈물 반으로 매일같이 산에 오르내리면서 체력 회복을 위해 노력한 일, 결국 교장까지 마치고 정년퇴직하여 여러분을 이렇게 만날 수 있게 되었다는 것, '우리는 모두 4~50년은 더 살아가야 할 나이인데 이제 다시 태어난다는 기분으로 나름의 목표를 세우고 그동안 쌓아온 경험과 정보를 서로 교환하면서 항상 새롭게라는 마음가짐으로 손잡고 나아가자'고 인사를 마무리했다. 일제히 큰 박수로 화답해 준다.

모두 잔을 들고 "선생님을 위하여!"라고 외치면서 건배를 했다.

이어서 자기소개 순서다. 나는 45년 전 그 아이들 얼굴과 어른이 된 지금의 얼굴을 비교하면서 기억을 더듬었다. 어딘가에 남아있는 그때 그 이미지들이 조금씩 매칭 되고 있었다. 30여 년 간 한복점을 하면서 아이를 서울대 의대를 졸업시키고 부부의사로 길러낸 연이는 그 고생스럽고도 보람된 얘기를 흐르는 눈물까지 닦아가며 말해 다른 친구들의 마음을 울렸다.

이야기꽃을 피우면서 서로에게 음식을 권한다. 그때는 내가 아이들 음식을 챙겨 주었었는데 이제는 그 아이들이 음식을 챙겨서 내 앞으로 몰아준다. 안 먹어도 배가 부르다.

"선생님께서 저희 동네에 오셔서 저를 찾아 타작을 마친 후 널브러져 있는 보릿대를 깔고 앉아 힘과 용기를 내라고 격려해 주시던 그 말씀이 이제껏 살아오면서 어려울 때면 간간이 떠올라 용기가 나더라."는 출이, "군 육상 대회 출전을 위해 끈질기게 열성적으로 지도해 주신 결과 좋은 성적을 올릴 수 있었다."는 숙이, "야외학습으로 황강 가에 나갔을 때 우리나라 강 이름을 단계별로 묻고 답하게 하는 방법으로 재미있게 공부하도록 해 주셔서 더 잘 알게 되었다."는 준이, "산 이름 강 이름 공부를 지독하리만큼 시키셔서 그 뒤 지금까지 산과 강에 흥미를 가질 수 있게 되었다."는 현이, "선생님께서 가정방문을 오셨는데 마침 저희 집에 와 계시던 귀가 좀 어두우신 외할머니께서 '나는 이집에 온 나그네인데 줄 것이 없으니 다른 집으로 가 보라'는 이야기에 '우리 선생님입니다'라고 하면서 당황해 했다."는 순이….

그 후 45년이 흘렀고 중늙은이가 되어 오늘 이렇게 처음 같이 만나고 있었다.

"지금 와서 생각해보면 그때 너희들을 조금만 더 잘 가르치고 자상하게 이끌어 주었더라면 나는 더 보람 있고 너희는 더 큰 성공을 할 수 있었을 터인데 그렇게 하지 못한 것 같아 마음 아프다."라고 말했더니 "선생님과 저희들이 모두 건강한 모습으로 이렇게 뵐 수 있게 된 것만 해도 얼마나 감사합니까?"라고 답한다.

그런 한 편으로 공부도 좋지만 눈이 나빠져서는 절대 안 된다는 생각에 명시거리 유지를 철저히 지키도록 강조했었다. 오늘 보니 25명 중 안경 쓴 아이가 하나도 없다. 45년이 지난 지금 나타나고 있는 교육의 작은 효과를 보는 것 같아 마음 뿌듯하다.

간혹 신문 방송을 통해 나쁜 짓하여 구속되거나 사회지탄을 받는 사람들을 보면 혹시 내 제자가 아닌지, 초등학교 때 선생님을 잘 못 만나서 그런 건 아닌지 마음이 쓰일 때가 많았었다.

대부분 아이들이 오늘 선생님을 볼 수 있을 것이라는 이야기를 듣고 마음이 들떠 있었다고들 했다. 마치 소풍가기 전날 밤 같았다는 이야기도 했다. 56살 전 후의 중늙은이가 되어 이렇게 서로 만나고 있어도 분위기는 그때 초등학교 5학년 시절로 돌아가 있었다. 영화 속의 장면처럼 이미지와 생각들이 스쳐 지나간다. 교실, 운동장, 집으로 돌아드는 그 돌담길, 골목길….

좀 더 교재연구를 하고 필요했던 자료를 찾고 문제를 발견하고 해결을 위해 노력하고 더 많은 시간을 같이 뛰놀며 격려와 칭찬으로 자상하게 안내하고 기를 살려줄 수 있었더라면 하는 아쉬움이 크다.

몇 년 전 합천청소년 수련관에 갔다가 돌아오는 길에 마침 댐(dam) 바깥 산 능성이로 연결된 새로 난 포장길로 차를 운전해 갔었다. 이제는 댐으로 물에 잠겨 동네도 없고 학교도 없고 꼬마친구들도 없어졌다. 강을 건너기 위해 만들어졌던 출렁출렁 공중다리, 가정방문으로 돌고 돌았던 그 골목길, 모두 물속에 잠기고 사라졌다. 물위로 나타나 있는 산봉우리들을 중심으로 저기 저쯤일 것이라고 짐작만 할 뿐이다.

"봉산, 봉산아!", "출아, 철아, 숙아!" 크게 불러본다. 나도 모르게 눈물이 볼을 타고 흐른다. 아무도 보는 사람이 없어 마음 놓고 소리 내어 엉엉 울어도 본다. 다시 그 시절로 돌아갈 수만 있다면 너희들을 더 따뜻하고 소상하게 손잡아 줄 수 있을 텐데, 다시는 돌아올 수 없는 일이기에, 지는 햇빛에 잘게 일어나는 은빛 검푸른 댐 물결을 내려다보면서 몇 번을 앉았다 섰다 해본다. 그 골목, 가정방문 때 군사부일체라는 말과 함께 누추하지만 좀 들어가자고 하시던 그 사랑방, 아이들의 아버지 어머니! 할아버지 할머니…. 이제는 영원히 돌아올 수 없는 소중한 추억으로만 남게 되었다.

친구들아, 그때 배운 것을 기반으로 더 갈고 닦아 정진하여 크고 훌륭한 사람들이 되어다오! 훗날, 돌아올 화창한 새봄을 오늘처럼 다시 맞아보기로 하자꾸나. (2012. 『수필문학』 7월호)

말이 씨가 된다

할머니 한 분이 이웃에 사는 특수교육 언어치료 대학교수를 찾아와서 말했다.

하도 귀찮게 애를 먹이는 손자 하나가 있는데 하루는 무심결에 말하기를 "저 녀석, 오늘 놀다가 손이 칵 다쳐버렸으면 좋겠다."라고 하셨단다.

그날 오후, 야단이 났다. 손자가 밖에서 놀다가 그 말대로 되고 말았다. 손을 크게 다쳐 집으로 돌아왔다고 했다. "교수님, 말이 씨가 된다는 말이 있던데 내가 그런 말을 해서 그런가요? 내 마음은 그게 아닌데, 하도 애를 먹여 기가 차서 예사로 그냥 해본 말이었는데…, 이를 어쩌면 좋은가요? 이 할미가 말을 잘 못해서 그렇게 된 것이지요? 그렇지요?" 라고 퍽이나 후회스런 표정으로 걱정스레 그리고 진지하게 얘기하시더라는 거였다.

구약 창세기에 보면 "태초에 하나님께서 말씀으로 이 세상을 지으셨다"고 했다. 그 중에서도 가장 만족스럽게 잘 지으셨다는 우리 인간에게는 하나님 말씀의 능력을 어느 정도 부여해 주신 것이리라. 실제로 바라는 소망이 있을 때면 천지신명께 중얼중얼 빌어보기도 하고 건강하고 건전하게 살아 갈 수 있도록 기도를 해 보기도 한다.

그런 반면 욕설, 거친 말, 저속한 말을 자주 쓰게 된다면 어찌되는가? 그런 말을 듣는 사람에게도 물론 좋지 않은 영향을 받겠지만 말을 하는 본인에게도 그 말의 영향이 부메랑 되어 되돌아오기도 한다.

말을 하되 잘한다는 것은 참으로 훌륭한 능력이 아닐 수 없다. 누구에게나 말을 할 수 있는 자질을 천부적으로 갖고 태어남으로써 정도에 따라 사용하며 다양하게 살아갈 수 있게 된다. 주위환경으로부터 좋은 말, 격에 맞는 말, 순화된 말을 배우고 습득해서 생활에 잘 사용할 수 있는 분위기가 적절히 만들어지게 하는 일이야말로 개인과 더불어 이웃과 사회에까지 영향을 미치게 되는 무엇보다도 중요한 일이 아닐 수 없다.

교사 때 어느 날, 내가 맡은 학급 아동 중에서 청각장애아동 하나가 있었다. 초등 3학년이었는데 언어영역 개별지도를 하기 위해 아동과 마주 앉았다. 나는 아동이 잘 보게 하기 위하여 입을 되도록 크게 벌려 '가'라고 시범을 보이면서 따라 해보게 하는데 아동은 '아'라고만 한다. 내 입 모양을 잘 보고 관찰하여 발음하도록 열성을 다하는데도 가와 아는 발음할 때의 입모양이 비슷해서 그런지 구별이 잘 되지 않았다. '가'나 '아'나 같이 '아'로 발음해 버리는 것이었다. 그래서 가방이 아방으로 학교가 학오로 밖에 안 되었다. 발음기관에는 아무 이상이 없는데도 자기 소리가 들리지 않으므로 구별이 잘 되지 않아 그런지 구별해서 발음하기가 그렇게 어려운가 보다.

내 목청부위에 자기 손을 대게하여 가와 아가 목청의 떨리는 감각으로써 다름을 알 수 있도록 했다. 덧붙여 촛불을 입으로 불어 끄게도 해 보게 함으로써 터져 나오는 소리(破裂音)와 그렇지 않은 소리(脣音)를 구별해서 발음할 수 있도록 하는 등 다른 계열의 소리까지도 다양하게 발음 지도한 결과, 드디어 가와 아를 구별할 수 있게 되었다. 아방이 가방으로 아슴이 가슴으로 아지가 가지로 내아가 내가로 아을이 가을로, '가' 소리가 붙는 '가'계열의 말이 일시에 트여져 나오게 되었다. 거기다가 가거고구그기의 'ㄱ'이 들어가는 대부분의 말이 자연스럽게 한꺼번에 터졌다. 그렇게 해결되었다. 가슴이 뭉클했다. 아~, 아. 이런 순간도 있구나!

"그래, 경아는 할 수 있어. 암, 할 수 있고말고, 참 잘하네, 잘했어. 다시 한 번 해 보자. 가방, 가자, 학교, 가갸 거겨…." 참으로 감격스러웠다. 다시 한 번 또 해 보자. "가방 아방, 아슴 가슴" 확실히 구별하고 있었다. 경아와 내 얼굴에 웃음꽃이 피어난다.

고운 말을 바르게 배우고 써서 나 너 우리가 모두 격에 맞는 아름답고 건강한 언어생활로 연결되어야 하리라. 언어생활의 기본이 되는 말(씨)들이 건강하게 자라도록 우리의 언어토양을 바르고 다양하게 가꾸어 나가야 한다. 내가 타고난 말씀의 능력을 잘 활용해서 건강한 언어생활이 되도록 해 보자. 할머니 손자 손의 상처는 어떻게 아물었을까.

(2015. 『수필문학』 9월호)

맞춤 처방

그 사람에게 가장 잘 어울리는 옷은 분명 있게 마련이다. 그 옷을 입으면 어쩐지 태(態)가 난다. 그 옷도 그 사람을 통하여 더 잘 어울리게 되는 가치로 나타나게 된다.

어떤 한 교실, 열심히 주의 집중하여 읽기공부를 하고 있는데 느닷없이 "선생님, 저기 비행기가 날아가고 있어요." 그러면서 창밖 하늘을 가리킨다. 교수(教授)와 학습(學習)은 순간, 주의가 흐트러져 버리고 만다. 열심히 읽기 준비를 하고 열성을 다하여 지도에 임하지만 학습자는 어느새 창밖 하늘을 날아가는 비행기가 더 신기할 뿐이다. 아~ 그렇구나! 학습보다는 뜬금없이 날아가는 비행기가 더 흥미로운 것이었구나.

우화(寓話) 하나. 여우가 학을 초대했다. 맛있는 요리를 만들어 화려하고 납작한 접시에 차려 내 놓았다. 먹지 못하고 보고만 있는 학에게 "좀 드시지요. 아주 맛있어요." 그렇지만 긴 대롱 같은 입으로는 접시에 담긴 그 요리 먹기가 어려웠다. 학은 배가 고팠지만 초대받은 입장에서 어쩔 수 없었다. 이번에는 학이 여우를 초대했다. 목이 긴 항아리에 맛있는 고기요리를 준비하여 내놓았다. 그러나 여우는 그걸 먹을 수가 없었다. "이 맛있는 요리를 왜 안 드세요. 좀 드세요!" 여우는 머리만 긁적였다. 먹기가 어렵게 차려진 요리는 그림의 떡일 뿐이었다. 그제야 학을 초대하여 음식 대접했던 일이 생각났지만 소용없었다. 여우는 학을 성심껏 잘 대접한다고 했었으나 자기입장만 생각한 것이 문제였다.

우리 주위에는 상대편의 입장은 생각지도 않고 일방적으로 도와주려고만 하는 사람들이 많다. 가르치려고만 한다. 자기주장만을 내세운다. 이런 일들이 주변 곳곳에서 흔히 일어난다. 개개인의 타고난 적성이 다르고 취미가 다르고 환경도 다르다. 능력도 각양각색이다. 이런 제요소(諸要素)들을 고려하지 않은 채 모든 사람에게 공통된 처방을 내린다는 것이 문제다.

개인에게 가장 효율적이고 적절한 외부처방이 있을 테지만 이를 잘 찾지 않는 경우가 많다. 쉽게 생각해버린다. 모든 사람의 지문은 한사람도 같지 않음을 잘 알면서도 모두가 같을 거라고 단정해버린다.

어느 건강관리 체험관이다. 온열벨트체험, 척추관리체험, 초음파체험, 복부패드체험, 온열매트 체험 등 개인의 필요와 요구에 따라 다양한 맞춤처방이 이루어진다. 체험자와 보조원의 이야기가 정겹게 오간다. 부황(附缸)의 효과를 이야기해 준다. 방법과 위치를 지적해 바로잡아 준다.

좋아질 거라고 격려도 한다. 보조원의 이야기를 귀담아 들으면서 필요한 부분부분 자기 몸에 맞는 체험관리가 맞춤처방으로 이루어진다. 그러는 중 체험자는 가능성을 스스로 발견하게 되고 체험에 더 열중(熱中)해간다.

어제 보다는 오늘, 오늘 보다는 내일의 가능성과 희망 속에서 즐겁게 땀 흘리며 체험하고 있는 체험자의 모습이 아름답게 보인다.

어느 교장의 하루 · 1

2007년 5월 어느 날 ○○초등학교 교장으로 근무한 교육현장에서의 하루 일과다. 아파트, 상가, 빌라, 주택이 밀집된 창원시 북서쪽에 위치한 54학급에 복수교감 등 110여 명의 교직원이 근무하고 있는 규모가 큰 학교다. 어느 하루 일과를 항목별로 간간히 메모했다가 다시 정리해 보았다.

07년 5월 0일 갬

① 오전 8시 25분 : 교장실에 도착하여 컴퓨터 전원플러그를 콘센트에 꽂고 스위치를 눌러놓았다. 실내를 한 바퀴 둘러보고 이상 유무를 확인한 후 문고리를 재껴 창문을 열었다. 업무용 큰 책상 시건 장치를 풀다. 이상은 없는지 간단히 확인하고 보조용 작은 책상의 시건 장치도 풀

어놓고 이상 유무를 확인하다. 옆에 있는 작은 보조탁자 위에 놓인 오늘자 ○○일보 신문을 들추어 보면서 기사제목 및 주요내용을 간략히 열람하다.

다시 내 자리에 바로 앉아 오늘 일과를 미리 생각해보면서 밝고 성실하게 최선을 다해 하루를 보내리라고 다짐하면서 하루를 연다.

② 8시 40분 : ○○시 학생 과학탐구대회 참가학생 2명과 과학부장이 출장 인사차 방문함 - 평소 공부한대로 최선을 다하고 오라며 격려하다.

③ 8시 50분 : 교장실에서 참모회의 시작, 교무부장이 먼저 오늘 계획된 일과를 발표, 다음은 행정실장이 행정실 업무를 간단히 얘기하고, 연구부장이 연구 관련 일과(日課), 교감선생님의 중요 일과 관련 협의를 거쳐 내가(교장) 전체 일과에 대해 간단한 언급 및 보충하다.

④ 8시 57분 : 참모회의를 마치고 퇴실한 후 행정실장과 오늘 주요 학교관리업무에 대한 보충 얘기 및 기자협회발간 책 구입 건, 교장이 추구하는 희망학교 만들기에 대한 환경 및 협조적 직원 분위기로의 전환 방안 등을 논의하다.

⑤ 9시 40분 : 우리시 교육청 ○○국장에게 홍○○주사의 해외연수 관련 문의 전화 - 회의 중이므로 15분 쯤 후에 다시 전화하라고 하다.

⑥ 9시 50분 : 2층 도서관 순시 - 교원 관련 참고도서 종류 및 실태를 점검하고 도서 정리 상태, 열람의자 수, 관련비품 배치의 적정성 등을 확인하다.

⑦ 10시 5분 : 오늘 행정실에서 접수한 공문 결재함(9건, 병설유치원 종일반 시설환경 개선비 지원계획 통보 등 50PP.)

⑧ 10시 15분 : 행정실장이 기안한 4, 5학년 수련활동 차량계약(○○여객) 등 결재

⑨ 10시 20분 : 우리 교육청 ○○과장에게 업무관련 협의 전화하다.

⑩ 10시 30분 : 신문·방송 기자협회 발간 '보도연감' 도서 구입 관련 전화 오다. "구입계획이 없습니다. 미안합니다." 하고 전화 끊음

⑪ 10시 35분 : 학교 운영비 관련 서류 결재 및 유치원 학습자료 구입비, 행정실장의 노동교육 출장관련 서류 결재하다.

⑫ 10시 40분 : 도민일보 '5월에 생각나는 자녀교육(발언대 예외 석)', '독자의 시(열차)' 등 읽다. 인터넷(empas 등)검색을 통한 '세상에서 가장 큰 것'을 알아보기 위하여 웹 문서창에 엠파스 지식 - 묻고 답하는 지식 공유 커뮤니티에 질문하기, '세상에서 가장 작은 것과 가장 큰 것은?' - 확인하고 내용을 출력 참고하다.

⑬ 11시 15분 : 인터넷상에 가장 큰 것 질문에 관련된 다른 네티즌의 질문에 내가 먼저 아는 내용, 요약 답변해주다.

⑭ 11시 20분 : 휴대폰 충전 장치를 전원(콘센트)에 연결한 후, 조○○부장, 박○○교사의 합창대회 참관을 위한 진주출장 허가를 관외출장부에 의해 승인하다.

⑮ 11시 25분 : 교무실 앞 운동장 쪽 학습원(화단)을 둘러보며 교재식물, 시설 등 관리상태를 확인하다.

⑯ 11시 45분 : 교장실 서양란 화분을 교무실로 옮기다.(연구부장의 협조)

⑰ 11시 50분 : 영양교사의 '급식모니터 요원활동 보고서 및 급식일지' 등 급식관계 서류 결재

⑱ 12시 5분 : 대형 마이카 화분에 심어 놓은 식물 사이사이에 몇 종의 식물을 본관 앞 교재원에서 솎아 와서 어울리게 보식하다. (금송화, 국화, 수수꽃다리 등 3종)

⑲ 12시 10분 : 학생 수련활동 차량계약 관련내용 검토 후 수정 계약하다. (4~5학년)

⑳ 12시 15분 : 급식소에서 아동 급식지도와 함께 점심 식사하다.

오전 일정을 숨 가쁘게 달려왔다. 일반교실에서, 과학실 등 특별실에서, 골마루에서, 운동장, 급식소 등 아동과 교사가 있는 곳이면 어디든 달려가야 했다. 그러고는 교실, 운동장, 학교주변 등 함께하는 교육활동의 장(場)을 바람직하게 조성하고 관리해 나가는 노력을 하는 가운데 어느 듯 오전 업무(業務)가 일단락되었다.

어느 교장의 하루 · 2

오전에 이어 오후 일과가 계속 된다. 학년단위로 실시하는 급식이 영양교사와 담임교사의 지도로 급식소에서 아직 진행되고 있다.

㉑ 12시 35분 : 교장실에 있는 시범용 교재식물 대형 화분을 행정실의 이, 박주사(주무관)가 본관 앞쪽 밖으로 옮겨 놓았다고 함. 이왕 내는 김에 햇볕이나 좀 쬐게 하자고 했으나 나는 '새로 보식한 초본 류 식물이 잘 견뎌낼까?' 하고 우려하다.

㉒ 12시 40분 : 컴퓨터 모니터에 교내통신망(Miss Lee)에 메시지가 들어 왔다는 신호가 깜박인다. - 열어서 메시지 내용을 확인하고 관련 답변 띄우다.

㉓ 12시 50분까지 : '마음을 열어주는 훈화교육' 훈화 집을 읽으며

미리 훈화내용 준비하다.

㉔ 1시 00분 : 교장실 옆 골마루를 조용히 걷는 사람이 없는 것 같음, 모두 바쁜 듯 뛰어다닌다.

㉕ 1시 5분 : 교무실 앞쪽에 내어둔 대형화분을 교장실로 옮겨 옴, 새로 심은 국화와 금송화가 강한 햇볕으로 시들해져 있다.

㉖ 1시 35분 : 커피 한잔하다. (행정실에서 커피 드릴까요? 라는 전화를 받고)

㉗ 1시 50분 : 우리 학교 홈페이지에 들어가서 탑재된 내용을 개관해 보다.

㉘ 2시 00분 : 공문결재(학교 환경위생 정화구역 외 1건), 장○○ 교사가 '없슴'으로 공문 표시해 와서 '없음'으로 고쳐 써야 옳다고 하다. (국립국어연구원 전화번호를 쪽지에 적어 주면서 필요할 때 전화해 보라고 안내함)

㉙ 2시 15분 : 19일(토) 특수학급 아동 4명의 '천주산 현장학습 내부결재' 및 '걸스카웃 등록서류 공문기안' 건, 검토 후 결재하다.

㉚ 2시 30분: 학교회계 관련 서류 결재함. (정○○ 걸스카웃 활동 참가비수경 서류, 급식비 입금관련 서류 등)

㉛ 2시 40분~50분 : 마사토를 비닐 포대에 담아 승용차에 실어두다. ('어울려 사는 식물' 화분 조성용)

㉜ 2시 50분 : 체육실(특별실)을 순방하여 교기인 태권도 지도상태를 점검 확인함

㉝ 3시 05분 : 교육혁신과제 관련 기안 공문 결재하다.

㉞ 3시 10분 : 교장실 청소 학생(6의1, 여학생 2명) 청소하러 오다. - 유리 세정제를 책상, 응접세트 위에 뿌리고 롤 휴지를 풀어 닦아내며 청

소하는 모습을 신기하게 바라보다.

㉟ 3시 15분 : 학부모 상담도우미 두 분이 교장실에 들러, 오늘 상담 활동 잘 마쳤다고 차 한 잔 나눈 후 인사하고 가심

㊱ 3시 20분 : 특기적성교육을 위한 음악실, 미술실, 암산실 등, 방과 후 특별교실(12실) 순시지도 확인하다.

㊲ 3시 30분 : 주무관 ○주사, 등청 마치고 돌아오다. (○○초등 근무 때 김○○ 제자가 보내온 스승의 날 넥타이 전달 받음)

㊳ 3시 50분 : 우리 교육청 등청 후 접수한 공문 및 자료 선람(先覽) (교육장기 육상 100m 1위 입상 상장과 부상인 금메달, ○○일보 영어 캠프 공문, 교육마당 21 월간지 등)

㊴ 4시 00분~4시 25분 : 오늘 부장회의는 본교 직원연수실에서 실시. 학년·업무부장 등 12부장, 교무, 교감, 교장 순으로 업무연락, 협의 사항과 공지 - 협의 내용은 '줄넘기 행사 점수체크 방법, 학부모 문예행사 참가 안내, 교무부 업무 안내' 등과 교장 - 어제 급식시간에 운동장에서 체육수업을 마친 한 아동이 신발을 들고 급식소로 땀을 흘리며 뛰어 들어오다(○학년). 1,500여 명이 위생 안전 급식을 하고 있는 곳인데 학급에서 가장 기초적인 이런 기본교육이 안 된다면 학교전체 교육의 틀(바탕)이 바로설 수 없다고 강조하다. 교육의 기초를 튼튼히 하는 교육, 기본질서와 같이 의도된 교육 및 교육목표를 계획대로 알차게 추진해 보자는 것이 나의 소신이며 소망이라고 당부하다. 나는 '시간 틈틈이 학교 교육과정, 본교교육 계획서를 읽고 확인하여 나 스스로가 매일 새로워지려고 노력하면서 본교교육목표에 최적하게 접근해 가려고

한다는 이야기'로 마무리하다.

㊵ 4시 35분 : 유치원 종일반 설치에 관한 협의(교감, 행정실장, 김○○유치원 담임교사) – '제2 체육실을 다른 곳으로 옮기고 그 교실을 이용하는 방안으로 계획을 세워 추진한다.'고 의견을 모으다.

㊶ 4시 42분 : 학교 역사관 설치에 관련한 내부 기안공문 결재함.

㊷ 4시 45분 : '교육마당 21' 2007. 05의 6~9쪽 '3불 정책, 창의력 교육을 위한 세 가지 원칙' 기사를 읽고 창의력 함양에 대한 방안을 생각해 보다.

㊸ 4시 50분 : '급식재료 구매의 건' 내부 기안문서 결재하다. (육류, 식재료 등)

㊹ 4시 52분 : 걸스카우트 참가 학생 14명의 합동 훈련계획서를 검토 결재하다.

㊺ 4시 55분 : 행정전산망(행망)과 우편으로 접수된 공문 결재하다. (병원학교 및 화상 강의 시스템 운영계획 공지 등 16건)

㊻ 5시 10분 : 퇴근하다.

학교 교육현장에서는 아동(학생)지도에 관한 일 즉, 교육과정 운영, 수업연구, 현장학습 관련, 교기지도 관련(태권도), 영재아·학습부진아 지도 및 학교 안팎의 안전사고 예방, 급식지도 관리문제, 학부모로부터의 상담전화, 학부모회, 학교운영위원회, 학교관리 관련 사업성 업무 및 관련 출장, 업무관련 및 동학년 모임, 직원체육, 각종 동아리 활동, 교무실, 행정실, 직원연수실, 동학년연구실과 특기적성교실 운영 및 지도관리 등 일상적인 크고 작은 일들이 수없이 많이 일어나고 있다. 이들 업무(일)들을 교육적이고 효과적으로 잘 수행하면서 교육목표(비전)에 접근·달성하기 위한 업무를 적절히 계획, 처리하고 동분서주하는 교육적 기본자세를 계속 유지해 나가야만 했다.

뿐만 아니라 시간 틈나는 대로 운동장, 교실, 특별실, 골마루(복도) 등에서 아동으로부터 새롭게 형성되고 있는 새 질서(싹)를 찾아내고 이들 싹을 바람직하게 가꾸고 길러내면서 동시에 같이 어울리며 보람 있는 생활을 계속해간다.

미래 새 시대의 주인공인 아동(학습자)의 학습발달에 가장 적절한 교육적 환경을 조성하고 그 환경 속에서 교육목표 달성을 위한 최적한 교육을 수행해 나가야 하기 때문에 교육하는 즐거움에 앞서 작게 크게 쌓여가는 직업적 스트레스도 함께 해결해 나가야만 한다.

아동과 함께 뛰놀며 아동을 닮아간다. 그러면서 먼 미래를 맞이할 활동무대에서 아동 개개인에게 맞는 성공적 인생으로 살아갈 수 있도록 가장 적절하고 쾌적한 교육적 환경을 끊임없이 연구하고 조성해 가며 관리해 가야하는 단위학교의 최고 책임자다. 그에 맞는 업무를 수행하고 추진해 가면서 긴장된 하루를 보내고 이어 또 다른 내일을 새롭게 맞이해야만 한다.

처사 용동어른

"어르신, 누굴 기다리고 계십니까?"

"아니네."

"어제도 여기 서 계시더니 오늘도…, 무슨 일이 있으십니까?"

"아~ 래(엊그제) 장에 갔다가 차(버스)를 타고 왔는데 비잡아서(비좁아시) 차비(車費)를 주지 못하고 내렸다네. 줌치(주머니)에서 돈을 꺼내는데 그만 차가 가버렸어. 오늘 만나면 줄려고 기다리는 중일세."

그 때는 5일에 한번 서는 장날이 되면 십 여리 떨어진 반성 장에 장 보러 갔다. 갈 때는 주로 걸어가고 올 때는 짐이 있어(갈치나 명태 몇 마리를 지푸라기 한두 가닥에 묶어들고) 버스를 탈 때가 많았다. 마을 어귀에 버스가 정차하고 장꾼들이 비집고 내리다 보면 사 가지고 오던 짐은 고사하고 몸만 내리기도 어려울 때가 많았다.

'버스를 타고 온 것만 해도 고마운데 차비(運賃)까지 못 주다니.'

용동어른은 다음날 그 시각, 차에서 내렸던 그 장소에서 기다리고 계셨다. 두루마기에 의관을 챙겨 쓰신 시장출입 때의 그 모습대로.

동네에는 큰 재실(齋室)이 있고 재실 앞에는 그 재실을 안내하는 커다란 비석(碑石)이 있었다. '통훈대부 이조판서(通訓大夫 吏曹判書)…' 동네에서 그 비문을 읽고 해석하는 사람은 용동어른 밖에 없다고들 했다.

여름 어느 날 어른께서 동네 귀목나무(느티나무) 밑에 피서를 나오셨다. 그때 마침 헬리콥터가 바로위로 낮게 날아갔다.

"내가 저것을 옆에서 한번 볼 수만 있다면 만들 수가 있겠는데…." 하셨다.

한번은 반성 장에 갔다 오시더니 그날 보신 풍구(風具)를 며칠 걸려 비슷하게 만드시고는 손잡이를 살살 돌려가며 나락(벼)을 혼자서 쉽게 데루시는(알곡을 가려내는) 그런 분이었다. 만약 헬리콥터를 가까이서 보실 수만 있었더라면 어떤 일이 일어났을까!

어르신은 평생 벼슬을 않고 농사를 지으며 선비로 사셨다. 누가 호칭에 대해서 물어보면,

"처사(處士)라고 불러주면 되네."라고만 하셨다.

항상 옳은 길로만 가야함을 언행일치(言行一致)로 실천하시며 '군자(君子)는 대로 행(大路 行)' 하시는 분이었다. 그런 어른에게 동네 젊은이들은 종종 찾아가 한문을 배우고 모르는 것을 깨우쳤다. 아는 것은 배운 대로 실천해야 하거늘, 그래서 학이시습지 불역열호(學而時習之 不亦說乎)는 극기

복례(克己復禮)의 기본이 아니던가.

모질게도 추웠던 겨울이 물러가고 입춘을 맞으면 그 어른은 집 대문에 언제나 '입춘대길 건양다경 만사여의(立春大吉 建陽多慶 萬事如意)' 라는 입춘축(立春祝)을 먹을 갈아 직접 써서 붙여놓으신다.

인륜(人倫)을 거스르고 정당하지 않은 방법으로 재산을 불리며 남의 돈을 가로 채서 문제가 되는 사람의 사나운 기사(記事)나 기본이 부실하게 형성된 사람들에 의한 대형사고 소식을 보거나 들을 때면 종종 용동어른 생각이 난다.

5

훈수

옆에서 보면 답답할 때가 많다. 왜 그럴까.
이렇게 해 보면 어떨까. 저렇게 해 보면 어떨까.
이런 말을 솔직하게 잘 받아들인다면
고정된 시각으로부터 벗어날 수 있는 좋은 기회가 될 수도 있다.
순간순간 아쉽게 느껴지는 일이 한두 가지가 아니다.

콩밭 이야기

콩밭, 입구에 들어선다. 통로 양쪽 마루를 거쳐 방으로 들어가도록 되어있다. 빈 곳에 자리를 잡았다. 메뉴판을 보고 음식을 주문한다.

"여기요, 콩국수 한 그릇…."

음식이 나오는 동안 벽에 걸려 있는 콩에 대한 안내 게시물을 훑어본다. 콩의 생태, 콩이 몸에 좋다는 이유 등이 플로터 인쇄되어 붙여있다. 다른 쪽 벽에는 차림표가 걸려 있고 '저희 집에 오시는 모든 분들은 모두 건강하시고 복 많이 받으시기를 기원합니다!'라는 글귀가 횡으로 길게 무늬목에 목각되어 입구 맞은 편 벽면 위쪽에 걸려 있다.

얼마 후 주문한 음식이 계란 반쪽과 오이채, 토마토 절편, 볶은 통깨 등을 고명으로 소면(素麪) 위에 화채처럼 뿌려져 깍두기와 콩나물 무침의 밑반찬과 함께 나왔다. 얼음 몇 조각이 콩 국물에 반쯤 숨겨져 있다. 국수 양에 비해 큼직한 사발이 푸근한 느낌을 준다.

소금, 간장, 식초, 고춧가루는 기본으로 상(床) 위에 고정으로 차려져 있다. 국수 위에 약간의 소금을 치고 젓가락으로 비벼 섞었다. 깍두기와 곁들여 먹는 동안 서서히 녹는 얼음은 국수를 더욱 시원하게 해 준다. 커피는 셀프로 한 잔 뽑아 마신 후 음식 값을 계산했다. 원하는 손님에게는 그냥 덤으로 주는 두부비지 한 덩어리를 얻었다. 이곳은 콩 전문음식점이다.

며칠 후 또 갔다. 먼저와 같은 방법으로 콩국수를 주문해 먹고는 출입구 옆 계산대로 가 계산하면서 남자주인(사장)과 잠깐 얘기를 나누었다.

『콩에 대한 일반적인 내용의 게시물을 만들어 벽면 등 적절한 곳에 걸어두면 좋겠다. 콩의 종류, 콩의 영양성분, 콩으로 만든 음식들, 콩에 관련된 시화(詩畵), 속담, 글(이야기), 몇 가지 콩국수 종류에 따른 사진과 가격 등을 적의한 곳에 게시해 둔다면 어떨까? 음식을 기다리는 동안, 콩과 그 음식에 대한 다양한 정보를 얻을 수 있게 된다. 또, 가족끼리라면 콩을 주제로 여러 가지 얘기를 서로 나눌 수 있어 가족 대화를 통하여 즐거운 식사시간이 될 수도 있다. 그리고 콩국수에 대한 필요한 정보를 넓혀가는 기회가 되기도 한다. 국수를 먹는 동안 식탁을 다채롭게 하는 BGM(배경음악)으로 '도나우 강의 잔물결'이 낮게 깔린다.』

"저는 평생 학교에서 근무했었고 해마다 교실 환경정리를 위한 교육 환경물 게시를 했었습니다. 또, 거기에 따른 아이들 교육을 해 왔었습니다. 그래서 제가 느낀 대로 좀 더 새로워질 수 있는 교육적인 식당환경과 분위기가 그렇게 보인 것입니다."

"네, 그렇군요."

흥미 있게 들어주어 고마웠다.

"다음에 또 오십시오."

며칠 지나고 또 그 콩밭을 찾아갔다. 역시 나오면서 계산을 마치고 주인과 먼저처럼 이야기를 계속했다.

『콩 종류를 지정하여 주문하면 해당되는 콩물을 즉석에서 만들어 콩국수로 제공한다. 오늘은 이 콩, 내일은 저 콩을…. 하여 원하는 콩에 따라 만들어 차리는 식탁! 콩 종류를 선택하고 선택된 그 콩으로 만들어 먹을 수 있는 맞춤형 콩 전문음식점, 콩밭! 그 콩밭에 한번 가 보자라고 하는 분위기가 조성되어져 주위로 확산되어 가도록 해 볼 수 있지 않을까!』

주인은 손님 손을 덥석 잡는다.

"실례지만 지금 뭐하고 계시는지는 잘 모르겠으나 그런 방법으로 콩국수 전문점 동업을 한번 해 봅시다."는 이야기를 한다.

"나날이 새로워지고 업그레이드되는 식당, 콩밭이 되도록 간절히 바랍니다."

오늘도 비닐에 싸인 두부비지 한 덩어리를 얻어 나왔다. 발걸음이 가볍다. (연간 『대표수필선집』 2012년 수필문학 특대호)

고종후의 수평적 리더십

1592년 임진왜란이 일어났다. 당시 조선은 국론이 분열되어 극도로 혼란스러웠고 나라의 힘을 한데 모으지 못하여 국란준비에 손을 놓고 불안한 태평시절을 구가하고 있을 때였다. 임진왜란은 이를 틈타 일본군이 조선으로 쳐들어와 일으킨 처참한 난리였다.

이때 고종후(高從厚)는 24세에 과거(文科)에 급제하여 임피현령을 지내고 후에 지제교(知製教)로도 있었으나 당파싸움에 파직되어 집으로 돌아와 조용히 쉬고 있었다.

왜란이 일어나자 왜적과 금산싸움에서 부친과 함께 의병을 일으켜 싸우다 가친(高敬命)과 아우(仁厚)를 한꺼번에 잃었다. 고종후는 나라를 지켜야 하는 한편(忠) 가친과 아우의 원수를 갚기 위하여(孝) 스스로 복수의 병장이라 칭하고 전라도를 중심으로 의병을 다시 규합하여 위태로운 진주성으로 들어갔고 이때 같이 따르던 400여 명의 의병들은 죽을 것을 뻔히 알면서도 앞장선 의병장 고종후의 뒤를 따랐다. 당시 왜군은 10만여 명, 진주성을 지키는 우리군사는 불과 3천여 명 뿐이었다. 모두 죽기를 각오하고 사력(死力)을 다하여 싸웠으나 결국 힘에 부쳐 우리 군사 거의 모두가 장렬히 전사하고 말았다.

고종후 의병장이 촉석루 아래 남강 물에 몸을 던지기 직전 세 장수와 함께 읊은 절의시(節義詩) 한 수가 전한다.

촉석루 중 3장사 시

矗石樓中三壯士 촉석루 위의 세 장사는
一杯笑指長江水 한 잔 술로 웃으며 긴 강물을 가리키네
長江之水流滔滔 강물은 도도히 흘러가는데
波不渴兮魂不死 저 강물이 마르지 않는 한 우리의 혼도 죽지 않으리

의병들은 저 멀리 전라도에서 경상도 진주에까지 왜군에게 고통당하고 있는 우리 부모형제들에게 힘을 보태기 위하여 그리고 구해내기 위하여 고향을 뒤로 하고 밤낮주야로 행군해 왔다. 의병장 아래 뭉쳤던 의병들이었지만 모여든 의병들은 처음 어떤 생각과 각오였을까. 국가적 위기를 맞아 이들의 생각을 한곳으로 모으게 한 지도자의 리더십은 무엇이었을까. 우리에게는 전라도 따로 경상도 따로가 아니었다. 원래부터 이것은 없었던 것이었다. 같이 한 조상을 모시고 사는 오직 한 겨레 한

형제자매였을 뿐이었다.

여기에는 지도자가, 구성원의 능력을 세심히 고려하여 개개인에 맞는 임무를 부여하고 열성적인 생각을 유도해 냄으로써 최고의 생각과 최대의 능력을 표출시키고자 했던 지도자의 수평적 리더십이 있었다.

의병장 고종후와 의병들은 모두 한 형제요, 생사를 같이하려는 동지들이었다. 400여 의병 모두는 이와 같은 의병장의 의식과 태도에 감복하여 하나 같이 지도자의 뒤를 따랐다고 볼 수 있다. 이것이야말로 당시 관료적 수직적 리더십을 훌쩍 뛰어넘는 수평적 리더십이라는 탄탄한 바탕적 기반이 깔려있었기 때문이 아니었을까.

고종후는 전형적인 권위주의의 시대에 살면서도 사회의 하부구조에서 꿈틀거리고 있는 새로운 움직임을 일찍이 포착하고 있었다. 전쟁으로 얼룩진 나라를 구하기 위하여 서로 간에 형제와 동지라 부르고 이러한 저변(底邊)의 움직임을 표면으로 끌어올려 하나로 뭉치게 함으로써 리더를 따르게 하는 일이 가능했다. 이 일은 새롭게 태동하고 있는 서민들 하부구조의 기류를 하나로 통합할 수 있었던 의병장 고종후의 수평적 리더십의 근간(根幹)이 되었다.

'준봉 고종후의 수평적 리더십'의 저자인 신태수 외 2인은 수평적 리더십을 『애국충정으로 뭉쳐진 의병장의 춘추대의(春秋大義), 이효진충(以孝盡忠), 살신성인(殺身成仁), 멸사봉공(滅私奉公)의 정신』이라고 말하고 『이러한 정신은 의병장 준봉의 사상적 배경이 되어 당시 쌓은 학문과 나라가 처해진 상황을 융합하여 사람으로서 마땅히 살아가야 할 방향을 제

시한 사상적 토대가 되었다.』 고 결론짓고 있다.

오늘날 우리가 흔히 참여하고 또 주위에서 자주 볼 수 있는 작은 단위 모임으로부터 큰 모임까지 일찍이 준봉이 우리에게 보여주었던 수평적 리더십이 폭넓게 적용된다면, 각종 크고 작은 건강한 모임들이 곳곳에서 아름답게 이루어지고, 서로 격려하고 도와가면서 화목하게 살아갈 수 있는 그런 융합적 분위기의 토대가 조성되어지지 않을까하고 생각해보게 된다.

필 통

담임선생님께서는 칠판에 분필로 써 주신 문제를 공책에 풀라고 하시고는 잠깐 밖으로 나가셨다. 초등학교 2학년 때다. 당시에는 책걸상이 없었다. 교실 바닥에 줄지어 앉아서 책과 공책을 펴 놓고 공부했다. 앞에는 크고 검은색 칠판이 걸려있고 닫쳐진 창문 틈으로 찬바람이 들어오기도 했다.

얼마 후 문제를 다 푼 친구들로 해서 분위기가 소란스러워졌다. 드디어 선생님께서 들어오시더니 다 한 사람은 앞으로 나와서 한 줄로 서라고 하셨다. 우리는 줄을 먼저 서려고 공책을 든 채 한꺼번에 우르르 뛰어나갔다.

줄을 서다가 나는 친구들에게 밀려 넘어지면서 그만 한 친구의 필통을 밟아버리고 말았다. 순간 친구의 필통 모서리가 부러졌다. 필통의 주인은 하필 우리 담임선생님의 아드님이었다. 이 일은 나에게 보통 일이 아니었다. 어떻게 해야 할지 그저 아득하기만 했다. 그 당시 나에게 필통을 가진다는 것은 그림의 떡이었다. 필통을 한번 만져 보는 것도 주인의 허락 없이는 어려웠었다. 그런데…!

드디어 필통 임자친구와 마주했다. "어쩔끼고(어쩔 것인가)? 물어 줄끼가?", "물어줄게", "그럼, 내일까지 5원 가져올래?", "그래, 가져올게" 그 당시 새 필통 값은 5원 정도였다.

그날 걱정에 휩싸인 채 집으로 돌아왔다. 아버지께 나는 그 일을 말하지 못했다. 야단은 물론이고 물어줄 돈을 주실 리도 만무했기 때문이었다.

다음 날 그냥 학교로 갔다. 안 가지고 온 것을 확인한 친구는 내일 6원을 가지고 오란다. 나는 밑도 끝도 없이 "그래, 가져올게" 하고 약속했다. 다음 날, 또 그 다음 날 필통 값은 매일 1원씩 올라갔다.

부담스런 필통 값은 나로 하여금 학교가기를 지옥과 같은 곳으로 만들었다. 그러던 어느 날 학년이 바뀌면서 우리 담임선생님께서 다른 학교로 전근을 가시게 되었다. 결국 나는 그 필통 값에서 해방되었다.

까마득히 세월이 흘렀다. 어느 날 일간 신문에 실린 〈시론(時論)〉에 글을 쓴 친구의 이름을 보고는 깜짝 놀랐다. ○○대학교 총장님이었다. 얼굴 사진을 보니 아닌 것 같기도 했다. 며칠 후 그 친구 이름으로 또 다른 내용의 시론이 실렸다. 그 시론을 읽고 있는 나는 초등학교 교장이 되어있었다. 설레는 마음으로 교장실 전화기를 집어 들었다. 전화가 연결되었다. 결국 초등학교 2학년 때의 친구가 맞다는 사실을 확인 할 수 있었고 바로 같은 창원에 살고 있었다. 또, 같은 초등학교 같은 반 친구 한 사람은 시청 국장으로 있었다. 그래 세 사람이 한번 만나자고 내가 제안했다.

"오늘 밥값은 52년 전 필통 값으로 내가 산다."며 서로 손을 잡았다. 결국 마음의 짐을 벗고 좋은 친구를 다시 얻게 되었다. 요즘도 간혹 한 번씩 만나 부담 없이 많은 이야기를 허물없이 나눈다. 그때의 필통 하나가 길고 긴 좋은 인연의 고리로 연결해 주었다.

내 이름을 말한다

"네 이름이 뭣꼬?"

"영문, 좀 덧붙이면 길영(永), 글월문(文)입니다. 글을 해서 오래도록 살라는 뜻의 이름입니다."

내가 태어날 때 이미 姓은 정해져 있었고 이름의 첫 글자는 항렬(行列)이었으니 결국 끝 자 한 글자만이 자유로웠다. 高永하면 높고 길게, 文 즉, 글로서 윗 두 글자와 짝을 이루게 한다면, 거기다가 금상첨화, 성(姓)이 고가(高哥)이니 '되어도 크게 될 것이라.' 종합하면 글공부를 해서 높고 크게 되어 길게 오래 복되게 살라는 염원을 담아 지어준 이름이리라.

아버지께서는 "네 이름의 뜻과 같이 열심히 공부해서 네 이름을 크게 빛 내거라. 그러려면 하고자 하는 일이나 맡은 일에 최선을 다해야 한다. 그래야만 너와 우리 가문이 빛날 수 있을 거다."라고 하시면서 다독여 주곤 하셨다.

나는 어릴 때부터 내 이름의 뜻을 자주 되뇌이며 훗날의 내 모습을 높고 큰 달덩이처럼 그리면서 나 스스로를 재촉해 왔다.

'永'자는 한자를 쓰기 시작할 때 영자팔법(永字八法) 습득에서 필수로 등장하는 글자이기도 하다. 간단하면서도 다른 글자의 팔현비결(八玄秘訣) 요소들이 조합돼 있어 한자쓰기의 대표적인 글자이기 때문이다. 그런 永字가 내 성 이름의 한 복판에 들어앉았으니 든든한 자부심을 가졌다.

우리 동네에는 나와 같은 또래의 '모리오'가 살고 있었다. 누가 이름을 물어보면 "모리오" 했다. 어떤 때는 묻는 이름에 답으로 말했다가 뺨을 얻어맞은 일도 있었다고 억울해 했다. 하지만 이름을 묻는 사람이 많아 귀찮을 때는 모리오 하면 그만 아닌가. 친구들이 장난으로 네 이름이 뭐냐고 물으면 그때는 묵비권을 행사했다. 어찌 보면 참 희한한 이름이구나 하고 생각하기도 했다.

내가 태어나서 말을 처음 시작할 즈음 내가 내 이름을 알아듣고 말할 수 있게 되었을 때 "아이구, 우리 아들, 이젠 다 키웠구나." 하고 부모님은 한숨을 돌리셨을 게다. 그로부터 듣고 말하고 불렸던 이름이 지금까지 나와 동행하면서 나를 대표하는 랜드 마크가 되었다.

나는 시험을 칠 때면 시험지를 받아 가장 먼저 성 이름 석 자부터 떡하니 써 놓고 본다. 아무리 시험이 어렵게 나왔어도 이름 하나는 또록또록 먼저 써 놓는다. '글로써 높이 되어 오래도록 간다'는 내 이름을 시험지의 제일 위쪽 성명 란에 써 놓았으니 이제부터는 차분히 아는 것, 쉬운 것부터 답을 써 가면 된다. 자신 있게 답을 썼을 때는 '내 이름이 나를 그렇게 만들어 주는 것인지 모른다.'라고 생각했다. 부족할 때는 '어, 이게 아닌데! 평소 공부를 좀 게을리 해서 그런가. 열심히만 하면 분명 이름값을 할 수 있을 텐데!' 반성하면서 스스로를 위로했다. 그리곤 나는 할 수 있다. 하면 된다.라고 이름을 생각하며 마음을 다잡기도 했다.

한편, '아 내 참, 어떻게 된 건지 영문도 몰라.'라며 노골적으로 말하는 것을 들을 때도 있었다. 내 이름을 그렇게 말하면 나를 놀리려고 그러는 줄을 나는 먼저 알고 있었다. 모리오처럼, 그러나 '나는 공부를 통해서 높게 될 사람인데 뭘….' 마음을 더 굳게 먹었다.

중학교 때였다. 영어 선생님께서 농담 반, 진담 반으로 내 이름을 좋게 설명해 주셨다. 어쨌든 그 때부터 내 영어 성적이 더 올라 갔다. 이상했다. 그럴수록 영어시간이 되면 선생님에게 더 집중되었다.

어느 까치 우는 이른 아침에 "고영문 학생~" 하고 대문 앞에서 부르는 소리가 났다. 조기 청소 같이 하러 나오라고 부르는 우리 동네 여학생의 목소리였다. 나는 분명 들었지만 너무나 뜻밖이어서 못들은 척 했다. 서너 번 더 조심스럽게 부르더니 대답이 없자 가버리고 말았다. 아직도 그 애틋한 상황을 생각하면 못내 아쉽기만 하다.

고등학교 같은 반 한 친구가 수학시간에 엎드려 졸다가 아예 잠이 든 모양이었다. 마침 수업하시다말고 선생님께서 큰 소리로 "야~, 너 일어서!" 하셨다. 자고 있던 친구는 알아듣지 못해 그대로였다. 옆의 짝지인 내가 흔들어 깨웠다. 선생님은 어이가 없는 듯 "너 이름이 뭐야!" 하셨다. 그러자 친구는 엉겁결에 말하기를 "19번입니다." 그 말에 우리는 웃지도 울지도 못했다. 곧장 이름을 말하기가 싫었던 모양이었다.

이름은 부르고 쓰라고 있는 게 아닌가. 난 전화를 할 때는 언제나 "고영문 입니다."라고 이름부터 말해놓고 본다. 상대방이 궁금해 할 것으로 생각하기 때문이다.

오래전 컴퓨터 '전화번호 찾기'에 내 이름을 검색 창에 쳐 넣어보았더니 15명의 전화번호가 주소와 같이 연이어 나타났다. 연락을 해서 같이 모여 봤으면 했으나 차일피일 미루다가 지금은 어렵게 되었다. 개인 정보보호로 그렇게는 찾아낼 수 없게 되어버렸기 때문이다. 같이 한번 모여서 '이름과 나'라는 제목으로 이야기라도 한번 나누어 봤으면 어땠을까. 환경은 제각각 달랐어도 같은 이름에 무슨 운명적 공통점이 있지 않았을까를 허심탄회하게 이야기해 볼 수 있었을 텐데, 아쉽다.

나는 내 이름에 걸맞게 살아가기 위해 퇴직을 하고 나서 무엇을 할 것인가 생각하다가 수필을 써 보자고 마음을 굳혔다. '나에게는 내가 할 일을 암시해 주는 내 이름이 있지 않느냐, 반드시 할 수 있을 거야!'

결과 늦은 나이에 등단(登壇)을 하게 되었다.

오늘도 나의 성과 이름값을 하기 위해 펜을 다시 잡는다.

(2013. 『수필문학』 11월호)

나의 구조조정

사람이 살아가다보면 많은 일상문제에 부닥치고 해결하며 관계를 맺는가하면 미래의 일을 준비하기도 해야 한다. 이런 과정을 거치면서 더 발전하기도 하고 정체되어 머물기도 한다. 어느 기업회장은 '경쟁력을 갖추기 위해서는 다 바꾸어야 한다'고 강조한 말이 생생하다. 기업에만 해당할까? 작게 보면 내 개인 일상생활에서도 해당되는 말이지 싶다. 남을 보고 왜 안 바꾸는지 탓만 할 게 아니라 나 스스로 바꿀 것은 없는지 주변을 둘러보는 일부터 시작해 보자. 나부터 바꾸어 보자.

하루 생활 중에서 나의 습관에 관해서부터 바꾸어야 할 것이 없는지 살펴보기로 했다. 뻔히 알면서도 실천하지 못하고 있는 것이 많을 터다. 별 생각 없이 매일 일상적으로 행동해 버리기 일쑤다. 그런데 다른 사람의 잘못을 볼 때면 무의식적으로 불평부터 하고 본다. 왜 저럴까하고 남부터 원망한다. 남이 내 마음 같지 있으니 나에게는 괜한 스트레스가 되기도 한다. 특히 가까운 사람일수록 더 그렇다. 이래서는 안 될 일이다.

그렇다면 긍정적인 면을 찾아보면 어떨까. 나의 생각을 여기서부터 조금씩 바꾸어가야 한다. 오랜 일상생활을 해 오는 동안 여러 가지 문제가 쌓인다. 새로움을 추구하면서 현재를 살아가야 한다. 빠르게 변화하는 주변 환경에 맞추어가기 위해 필요한 일, 불필요하게 된 일, 새롭게 받아들여야 할 일, 버려야 할 일, 일의 중요도 순을 바꾸어야 할 일 등 환경에 새롭고도 적절하게 맞추어 가야한다.

원래 구조조정은 기업에서 나온 말이었지만 개인에게도 적절한 말이기도 하다. 이 말의 사전적 의미는 '기업의 불합리한 구조를 개편하여 효율성을 높이는 일'이다. 기업에서는 실적이 악화되거나 성장이 둔화되는 등 문제가 지속된다면 사업구조나 조직구조를 개편·조정해가는 혁신적인 정리 작업에 착수한다. 이는 미래의 경쟁적 우위를 확보하기 위하여 사업구조를 개혁하는 리스트럭처링(restructructuring)이 각광을 받고 있다. 기업이 경쟁력을 상실하면 존재의미가 없어진다. 따라서 주력 품목의 경쟁력을 회복시키기 위하여 사업을 축소하거나 중복 사업의 통폐합, 인원 배치조정, 감축 등 강도 높은 조정이 불가피하게 된다(노규성, 조남재 2010).

평소 내가 하는 습관적 행동은 남의 일에 쓸데없는 참견, 집안일, 운동, 잠자는 환경과 시간, 식사하기, 책읽기, 글쓰기, 주위분위기 조성과 적응, 목욕, 가족관계 및 사회활동 등 이 모든 일이 오늘도 그리고 내일도 단순한 반복생활로 이어지고 있다. 주위환경은 하루가 다르게 변화, 발전해가고 있는데도 오늘이 또 내일로 그대로 연속 반복되어 꼭 같은 모습으로 이어지고만 있어서는 안 될 일이다. 아주 작은 단위의 행동부터라도 하나씩 바꾸어 가보자.

그렇다면 하루의 일상생활 중에서 조정 대상이 되어야 하는 일을 살펴본다면 일어나기, 집안 청소, 몸단장(세수하기, 옷 입기), 목욕하기, 신문보기, 식사하기, 가족 간의 대화, TV시청, 책읽기, 글쓰기, 모임에 참여하기, 건강돌보기, 인사하기, 건전한 말씨사용 등 작은 일로부터 큰일까지 수없이 많다. 문제가 발견되어 새로움을 찾아 가려면 우선 마음 바탕부터 건전하고 튼튼하게 만들어 놓아야 하겠다. 기준이 되는 바른 잣대가 있어야 한다. 공자는 어진 사람이 실천해야 할 다섯 가지 요소를 공(恭, 공손), 관(寬, 관용), 신(信, 신의), 민(敏, 민첩함), 혜(惠, 은혜)라고 했다.

다음으로 환경 면에서는 책 정리, 컴퓨터 교체, 스마트 폰 구입, 운동시간 등 건강 챙기기와 각 요소들의 소요시간 조정 등이 있다.

나는 현재 어떻게 몸과 마음이 형성되어 왔는가. 나의 바탕은 어떠한가. 주위 환경에 많은 영향을 받으며 자란 어린 시절, 학교생활, 직장, 인척관계, 내가 처한 위치, 계속 변화하는 주변 환경 등 이 모두를 새롭게 계속해서 바꾸어 가야 한다. 김형석 노교수는 '100세 시대'의 한 강연회에서 "대략 100년을 살아보니 버릴 건 버리고 고칠 건 고쳐가면서 나와 네가 아닌 모두에게 도움 되는 쪽(방향)으로 살아야했었다."고 말했다. 꼭 필요한 일과 필요 없어지는 일들! 오늘 다르고 내일 다르다. 매일매일 새로워지는 아침이 되어야 한다.

주위를 둘러보면 내가 경험하고 조정해야할 꺼리들이 무수히 많다. 버려야할 것, 더 보강해야할 것 등 현재 나의 모습에서 새로운 나의 모습으로 바꾸이 가야 한다. 그렇게 보면 빼고 더해가며 조성해 가야할 일들은 평생 안고 살아가야하는 나의 화두(話頭)다.

훈수

어느 더운 여름날, 나무 그늘에서 두 사람이 장기판을 앞에 놓고 장기를 두고 있었다. 지나가던 사람들이 하나 둘 모여들어 흥미롭게 관전하는 가운데 열전이 벌어지고 있다. 옆에서 들여다보고 섰던 한 사람이 "어이, 거기 아니지"라고 외친다. 그러자 또 한사람은 "그 쪽 말고!" 내 일처럼 열을 올린다. 조금 지나자 "에그~ 그만 차 떨어진다."라며 급해서 소리친다.

하기야 판에 빠지다 보면 아주 작은 수마저 놓쳐버릴 때가 생기기도 한다. 수(手) 하나에 판 전체가 뒤집힐 수도 있다. 자칫했다간 어느새 역전의 기회를 주고 만다. 당사자보다 옆에 있는 관전자의 입장에서는 그것이 더 잘 보일 수가 있다. 그러나 정작 대국자는 엉뚱한 곳을 보고 예사로운 것 같아 답답해진다. 그 뻔한 것도 알지 못하는 것 같아 더욱 애가 탄다. 그것을 보고 그냥 가만히 있기란 참으로 어렵게 된다. 자기도 모르는 사이에 소리치듯 한마디 불쑥 던져(해)버린다. "그게 아니지…!" 이것이 바로 훈수 아닌가.

살다보면 어려움, 곤란을 겪을 때가 종종 있을 수 있다. 생각대로 문제가 잘 안 풀려 고민한다. 그럴 때 옆에 있는 객관자의 입장에서 보면 좋은 수(방법)가 장기판에서처럼 튀어나올 수도 있다. 그래서 한마디 해주기도 한다. 어떻게 보면 이것 역시 훈수다.

아무리 좋은 방법일 것 같아 보여도 가족이나 친척 등 가까운 관계일수록 이야기하기가 더 어려울 때가 있다. 잘 못 이야기 했다가는 오히려 역효과가 나타나기도 한다.

내가 차를 운전할 때다. 옆에 앉은 아내는 연신 불안한지 계속 주의를 준다. 신경 써서 운전해 가고 있는데도 그런다. "좌회전", "우회전", "천천히"… 듣다보면 짜증을 넘어 참고 가기가 어려울 지경에까지 이른다. 아무리 내가 알아서 다 한다고 해도 안 된다. 어떻게 보면 건의, 조언, 부탁, 대화, 정보제공 등 좋은 뜻으로 거들어(도와) 준다고 하지만 잔소리나 간섭으로 받아들인다면 더 이상 대화는 막혀버리고 오히려 분위기만 흐려지게 된다. "내 알아서 다 할 테니 제발 간섭 좀 하지 말아주세요." 그래서 훈수란 때에 따라 더 어려운 것인지도 모른다.

"반찬은 한 끼에 다 먹을 만큼만 차리는 게 좋겠다." 어떨 땐 "음식은 먹는 사람이 스스로 간을 맞추어 먹도록 간장을 좀 내놓으면 어떨까?"라고 했다가 "어지간히 간이 맞는데 참 이상하네!"라는 말로 돌아온다.

음식에 대해서 자기생각을 얘기하는데 아무 말하지 말고 나온대로 먹으면 된다는 이야기다. “제발 간섭 좀 하지 말라.”고 한다. “잔소리 좀 그만하라.”고 한다. 말 한마디가 이렇게 잘 못 되어 좋지 않은 분위기로 바뀌어버릴 때가 많다.

비가 오면 2층 베란다에서 물이 샜다. 아래층에서 2층으로 가는 출입통로로 윗 베란다에 고인물이 틈새를 타고 쏟아 붓듯 떨어져 내리니 그곳을 지나다니는 사람에게 불편했다. 고쳐야 한다. 나는 아내에게 “위에서 작은 구멍을 뚫고 플라스틱 파이프를 벽으로 붙여 아래로 내리게 하자”는 의견을 냈다. 참으로 간단한 일이라고 말하면서 미관(美觀)에도 괜찮고 공사비도 얼마 안들 것이라고 주장했다. 결국 설비 점에 가서 물어보고 결정하기로 했다. 견적하러 설비사가 왔다. 그분의 얘기는 차라리 뚜껑을 덮는 것이 좋을 것이라 한다. 구멍을 뚫고 파이프를 설치하는 내 생각을 얘기하니 그렇게 하려면 17만 원이란다. 구멍을 뚫기 위한 장비가 와야 하기 때문에 그렇다고 한다. 그것보다는 뚜껑을 만들어 씌우면 7만 원 정도, 아내도 그와 같이 주장했다. 다시 내 생각을 설명했다. 뚜껑을 덮어 이상하게 보이는 것 보다 원래의 집 외부모습을 살리면서 공사비도 적게 들 것이라는 내 생각을 계속 주장했다. 그러나 통하지 않는다. 이제 곧 우기(雨期)에 접어들게 된다. 그러면 또 다시 빗물이 흘러내려 불편하고 벽에 얼룩도 생기게 된다. 공사가 급하게 되었다.

결국 아래에서는 보이지 않으니까 미관상 문제는 없고 비가 와서 물이 새지 않게 되니 그것으로 만족하기로 하고 뚜껑을 만들어 덮어씌우는 공사를 하기로 나의 생각을 바꿀 수밖에 없게 되었다. 공사비는 몇 개월 만에 올라 10만 원이었다. 그렇게 공사를 했다.

해 놓고 보니 참으로 만족스럽다. 진작 이렇게 할 걸 그랬지. 경비는 더 들고 벽은 더 얼룩졌고 그곳으로 지나다니는 2층 사람들에게 그만큼 더 불편했었을 테고, 거기다가 나의 마음고생은 또 어쩌고!

송정 선생 자연농원 방문기

진주시외버스 주차장, 오전 10시 반, 임○○님, 류○○님을 임○○님이 소나타 승용차로 모시고 진교를 향하여 출발하고, 김해시 장유에서는 박○○님이 산타페 승용차로 창원의 고○○님을 태우고 진교로 9시 30분 출발하였다. 한참 후 하동 진교에 닿았다. 여기서 송정 선생이 우리 방문객을 기다리고 계셨다. 만나서 잠깐 인사를 나눈 후 선생의 뉴 아반떼 승용차를 뒤따라 목적지 송정농원(松亭農園)으로 기대를 잔뜩 안고 달려갔다.

드디어 전형적인 농촌 마을이 나타났다. 마을 입구에 수령 3백년이나 된다는 거대한 둥치에 가지와 잎이 싱싱한 느티나무 그늘에서 잠깐 쉬었다가 11시 반쯤에 선생의 자연농원에 도착했다.

송정 선생으로부터 그간의 농원조성 경과설명을 잠시 들었다. 연이어 우리는 농장을 둘러보았다. 아무리 보아도 싫증이 나지 않는다는 나무들

즉, 은행나무, 때죽나무, 배롱나무, 은개나무, 앵두나무, 대추나무, 골담초뿐만 아니라 양쪽 길옆으로 울타리 겸해 심어 놓은 하동녹차, 산수유 등 우리 토종 나무들이 우리일행을 반겨주고 있는 듯 했다. 이곳 나무 한그루 한그루가 선생의 자상한 손길로 가꾸어지고 있었다. 우리는 그 자리에 우뚝 서 있는 큰 돌로부터 길섶의 풀 한 포기까지도 존재의미가 있다고 하는 송정 선생의 설명을 자상하게 들으면서 걸었다. 고구마, 호박, 들깨, 전구지(부추), 옥수수, 콩, 마늘, 가지 등 20여 가지의 토종 농작물(송정은 토종이라는 용어를 특히 좋아했다.)을 군데군데 계획적이고도 자연스런 배치로 심어 놓았다고 하신다. 토종마음을 좋아한다는 송정의 순수한 자연인의 손길로 심고 보살피고 있는 나무와 채소들은 자연스럽게 올망졸망 자리를 잡아서 자라고 있다. 바로 옆에 이웃한 오막살이 빈집 뒤곁으로는 토종벌이 길쭉한 포탄처럼 생긴 자기네들 집으로 꿀을 부지런히 날라 오고 있었다.

일행은 꾸불꾸불, 울툭불툭 그렇게 포장된 길을 따라 걸어 내려와 선생이 거처하는 송정별당으로 들었다. 사모님께서는 음식을 미리 준비해 놓으시고 우리 일행을 기다리고 계셨다. 넉넉한 웃음과 함께 반갑게 맞아 주신다.

미리 에어컨을 켜 둔 리모델링한 토방에 들어섰다. 바깥은 허름했지만 방안에는 부족함이 없다. 대도시 어느 방에 와 있는 기분이었다. 음식상 주위로 뻥 둘러앉았다. 토종닭 수육에 술 한 잔, 그동안의 이야기를 나누면서 또 한 잔, 송정선생의 토종예찬(土鍾禮讚)이 술술 풀려져 나온다. 그 동안의 농장조성 경과를 먼저 얘기 하신 후 준비한 자료에 의해 설

명하기를 '토종예찬'이라 제목하고

『오래 전인 20대 초반부터 나는 농업인보다 농촌인으로 여유와 낭만을 즐기며 농촌에 들어와 살기를 원했었다. 인생후반에 그 꿈이 어느 정도 이루어졌으니 나름대로 성공한 삶이라 해도 되지 않을까 생각하면서 이제 그 삶을 계획대로 하나씩 실천해가고 있다. 나는 평소 '토종을 좋아한다.'라고 생각해 왔는데 그 하나가 토종나무다. 그 둘이 토종 농작물이고, 그 셋이 토종동물이며, 그 넷이 토종음식이다. 그리고 나는 무엇보다도 토종마음(사상, 지혜, 정신)을 좋아한다. 조상대대로 면면이 이어오는 이 정신을 토종마음이라 한다.』고 하신다.

계속해서 『소문만복래(笑門萬福來), 참으로 마음에 든다. 웃으면 복이 온다는 조상의 지혜에 감탄하며 일체유심조(一切唯心造)에서 우리의 전통마음이 잘 드러난다. 그리고 우리 조상들에게 유난히 많았던 정(情)을 꼽는다. 가을에 감을 다 수확하지 않고 한두 개 남겨 두어 까치밥이라 했고 산이나 들에 나가서 음식을 먹기 전 고수레라 하여 동물들에게도 정을 나누며 베풀고 사는 마음이 있었다.』고 하신다.

특히 마음에 들어 이어령 교수의 글 한편을 옮겨 본다고 하시면서,

추위가 다가온다.
가까이들 오라! 서로의 체온으로 함께
몸을 덥히지 않으면
살기 어려운 시대가 오리라.

물질적 굶주림을 없애려다가
정에 허기진 사람들을 위하여
가슴을 열자.
그리고 우리가
정으로 살아온 한국인임을
증명할 때가 온 것이다.

를 낭송하신다.

이어서 『부전자전(父傳子傳)이라는 말이 있다. 옳은 말이다. 부모가 착하면 자식들도 착했다. 부모가 효도를 하면 자식들도 효도를 하게 된다. 부모가 착한 행동을 하면 자식들도 따라한다. 요즈음 좋은 아빠 모임 단체도 생기고, 여러 다양한 자식을 잘 키우기 위해 노력하며 모두가 부전자전의 마음으로 살아간다면 교육이 얼마나 잘 되고, 사회가 얼마나 밝아질까라고 생각해 본다.

마지막으로 우리 시대에 들어 토종마음은 갈수록 퇴색되어 가는 것 같아 안타깝다. 갈등과 혼란이 점점 더해가고 저 출산, 노인자살, 패륜범죄 등 옛날에는 상상도 할 수 없었던 흉악범이 늘어나고 있다고 나는 진단한다. 경제 규모에 비하여 우리나라는 행복지수가 매우 낮다. 토종마음 없이 행복해질 수 있을까? 밝음, 감사, 믿음, 보답의 마음에서 함축된 토종 마음이 우러나온다고 본다. 인생 후반부에 이를 나의 인생관으로 삼으며 몸소 실천하여 게으름이 없게 하고 이웃으로 퍼져나가게 하기 위하여 마지막 노을을 여기서 내 주위의 것들을 사랑하며 살아가는 사람이 되려 한다.』는 말로 마무리 지으신다. 우리들은 모두 짝짝 박수로 응답했다.

토종마음에 뿌리를 두고 농장을 완성시켜 가고 있다는 송정선생의 생활모습 이야기는 자신감과 결의와 순수함이 그대로 묻어나고 있었다. 들을수록 토종적 의미로 귀결되고 있는 송정 선생의 철학과 실천적 행동이 부럽기까지 했다.

그런 후 하나하나의 그간의 추억담으로 우리들은 오랜만에 회포(懷抱)를 나누었다. 전에 같이 근무할 때의 제자들 이야기를 비롯해서 친목여행 때의 실수담까지 하다 보니 언제 이야기가 끝날지 몰랐다. 그러는 동안 사모님께서는 뜻밖에 약죽까지 내 놓으며 권하신다. 배를 두드려가며 하나하나 챙겨 먹은 후 수박으로 입가심까지. 준비해 놓으신 음식은 그 이상 더 먹을 수 없어 미안하게도 사양할 수밖에 없을 정도였다. 진정한 마음에서 우러나오는 깊은 정 가득 담긴 고마운 인사를 사모님께 드렸다. 다음을 기약하며 우리 일행은 아쉽게 일어섰다. 그리고 전어축제가 한창인 '술상마을'로 향했다. '전어술상축제'라는 현수막이 쳐져있고 마을 앞 바닷가로 길게 늘어선 임시 간이막사에는 많은 사람들이 붐비고 있었다.

임○○님이 전어 회와 술을 주문한 덕분으로 금년 들어 첫 전어 회 맛을 보았다. MBC 대형 방송중계차가 들어온다. 우리 일행은 잠시 후 사람들 틈을 빠져나왔다. 송정 선생의 자연농원에서 주 행사로 시작한 오늘의 일정이 모처럼 단비가 되어 차창으로 주룩주룩 흘러내린다.

(2008. 8. 9.)

세월호 참사

2014년 4월 16일 오전 8시 48분경, 진도 앞 바다에서 거대한 연안 여객선 청해진 소속 세월호가 침몰했다. 476명이 탑승했으나 학생 75명, 교사 3명 등 172명이 구조되었을 뿐 제주도 수학여행 길에 오른 꽃다운 고 2학년 10학급 325명 중, 학생 생존자는 75명…. 대 재난, 큰 비극이었다.

'움직이면 더 위험하다. 선실에 가만히 있어주기 바란다.'라는 선내 안내방송에 따라 대부분의 아이들은 배가 침몰하고 있는 그 순간에도 서로에게 먼저 구명조끼를 입혀주면서 질서를 지키고 있었다. 선생님은 큰 일을 당할수록 침착해야 한다는 신념과 사랑으로 공포와 두려움 속에서도 학생들을 격려하며 구조의 손길을 애타게 기다리고 있었다. 그러나 그 시각, 선장과 선원 일부는 배를 버리고 살기 위해 배에서 빠져나오고 있었다. 법과 원칙에 따른 매뉴얼이 있었는데도 배를 책임 져야 할 어른들은 이를 지키지 않고 있었다. 안중에도 없었다.

2박 3일 간의 고교 2년생, 제주도 수학여행길!

교과서에서 배운 것을 실제로 보고 확인하고 체험하는 학습 현장 길에서 이런 끔찍한 일이 일어나고 있었다. 나는 커서 내 특기 적성을 살려 세계적인 스타가 되겠다. 그래서 우리나라를 세계에 빛내는 사람이 되겠다. 어려운 이웃을 도와 다함께 손잡고 가겠다. 1등 항해사가 되어 세계 각국을 누비며 우리 선진 한국의 위상을 세계에 드높여 보겠다. 실력 있고 훌륭한 선생님이 되어 아이들을 더 크고 훌륭하게 가르쳐 보겠다. 그런 꿈들을 제각기 마음 가득 키우고 있었으리라.

어른들의 잘 못 형성된 가치관으로 하여금 이들의 꿈은 무참히도 꺾여버렸다. 고 2학년 한 학생은 학생증이 든 지갑을 손에 꼭 쥔 채 발견되었다. 참으로 가슴 아픈 일이다. 우리 사회에 깊은 상처를 주고 말았다.

우리는 각자의 영역에서 해야 할 역할을 다하며 살아가고 있는지를 세월호 참사 차원에서 다시 한 번 생각해 보아야 한다. 결국 우리의 해이해진 안전 불감증, 기초기본이 허약한 인간교육, 뿌리교육에서부터 잘 못된 것은 아닐까.

우리는 이를 어찌해야 하는가. 사회적 깊은 상처를 어떻게 치유해 갈 것인가. 우리 주변에 산재해 있는 많은 안전문제들, 각자의 영역에서 해야 할 일에 충실하게 노력하고 우리 모두의 아픔을 치유하고 극복해 나가야 하는 일이 우리 모두에게 남겨졌다. 정신개조운동이 범국민적인 새로운 모습으로라도 일어나야 한다. 우리는 그동안 기초기본 인간교육을 너무나 소홀히 해왔다.

아이들을 지키지 못한 어른들의 책임, 뼈아픈 통찰과 참회로 소통과 화합, 지혜와 힘을 모아 안전하고 건강한 사회를 만들어가야만 한다. 침몰 20일째, 이들의 명복을 비는 조문객이 130만 명을 넘어서고 있다. 꿈과 희망을 키워가던 우리 아들딸들의 해맑은 웃음소리가 귓전을 울린다.

(2014.『수필문학』 6월호)

신발

신발은 발을 보호한다. 발바닥을 지압한다. 한 걸음 한 걸음 내 디딜 때의 적절한 쿠션은 발의 피로도를 줄여준다. 평 길을 걸을 때, 산에 오를 때, 조깅할 때 등 적절한 신발을 선택한다는 것은 매우 중요한 일이 아닐 수 없다. 어떻게 보면 중요한 만큼 더 어렵기도 하다.

요즘 걷기운동이 떴다. 나도 이 운동에 동참해 보아야겠다.

먼저 나에게 알맞은 운동화가 있어야 한다. 신발 점에 갔다. 쿠션이 적절하게 있으면 발이 편할 것 같아 골라서 신어보기도 했다. 그런 후 알맞은 신발을 골라 한 켤레 샀다. 기대를 안고 그렇게 골라 구입한 신발을 신고 길을 나섰다. 그러나 생각과는 다르게 조금 오래 걸었다 싶으면 오히려 발바닥으로부터 피로가 더 느껴지는 것 같았다.

차라리 쿠션보다 신바닥이 얇은 것이 좋을 듯 했다. 너무 큰 쿠션은 나에게 맞지 않은 것 같아 바닥이 얇은 하얀 실내화 한 켤레를 골랐다. 같은 거리를 걷는다 해도 이왕이면 발바닥 지압이 더 될 것 같아서다. 포장된 평 길을 조금 걸었는데도 피로가 더 빨리 오는 것 같다. 쿠션이 너무 커도 안 좋고 얇아도 안 좋다. 바닥이 너무 얇은 건 지압보다는 오히려 발목과 무릎에 부담을 주는 것 같기만 했다.

이번에는 신어서 큰 것보다 조금 작은 것이 편할 것 같았다. 해서 조금 작은 듯한 신발하나를 골랐다. 그러나 이걸 신고, 산으로 오르내릴 때는 발가락에 부담이 되었다. 아프기까지 했다. 이럴 바에야 조금 큰 것이 나을 것 같다는 생각이 든다. 조금 큰 것을 다시 또 하나 샀다. 어떻게 잘 못 걸을 땐 곧 벗겨질 것 같아서 신경 쓰인다. 이번에는 좀 작은 260mm 크기가 좋을 것 같은 생각으로 다시 가서 신어보고 이건 맞겠다고 샀는데 실제 신고 걸어보니 좀 작다. 그래서 신발 끈으로 헐겁게 조절했다. 그러나 이 또한 내게 맞는 신발은 아니었다. 한 치수 큰 걸 사기위해 다시 신발 점으로 갔다. 신어보고 편해서 이것이면 되겠다 싶어 샀는데 이번에는 앞뒤로 왔다갔다 헐겁다. 미끄럽기도 하다. 발을 신에 맞추어야 할까보다.

평소 나의 걸음걸이 모양새가 좋지 않아 이참에 교정까지 해 보려고 이번에는 마사이족 신발을 하나 골랐다. 이렇게 산 신발을 신고 2시간 정도를 걸어 낮은 산을 오르내렸다. 이것이야 말로 잘 선택했다고 생각했다. 하지만 연이어 이틀을 신었는데 무릎에 무리가 오는 것 같아 이 또한 벗어야만 했다. 20여 년 전 아침 운동할 때 신었던 축구화가 있어

신고 나갔다. 이 역시 발가락이 아프고 딱딱한 포장도로를 걷는 데는 발목과 무릎에 상당한 부담을 주는 것 같았다. 이제 몇 년 전에 사 두었던 나베 신발을 신어 보기로 했다. 얼마 신지 않아 발목이 시큰거리는 것 같아 벗어버렸다.

다시 신발 점으로 간다. 이번에는 지금까지의 경험으로 내가 가장 바라는, 나에게 꼭 맞는 신발을 확실하게 하나 골라 보고자 했다. 신바닥의 높이, 쿠션, 지면과 맞닿는 부분의 미끄러운 정도, 신고 벗기 편한 것, 가격, 재질, 미관 등을 고려하였다. 나에게 꼭 맞는 내 최고의 신을 사서 신어 보려고 마음먹었다. 드디어 이들 조건에 가장 근접하는 운동화 한 켤레를 골랐다. 그러나 역시 가벼운 등산을 하기에는 이것 역시 부적격이었다.

결국 대 메이커 신발 한 켤레를 고가(高價)에 구입했다. 이 또한 까다로운 나의 여러 조건에 합당하지 않았다. 그렇게 고르고 또 골라도 안 된다. 운동화 하나만 잘 골라 신으면 운동이 저절로 될 것 같은 바람은 접어야할까. 이왕 시작하는 운동인데 발이 편해야 꾸준히 계속할 수 있을 것으로 생각했었는데. 그러나 265mm는 좀 뽀득해서 발가락이 불편하다. 270mm는 조금 커서 헐렁거린다. 가운데 중간치수가 있으면 딱 맞으련만 그 치수가 나오지 않으니 어떡하랴! 발을 이 치수에 맞출 수는 없는 일이다.

내가 어릴 때는 아버지께서 신발을 사 주셨는데 시장에 가실 때 나의 발길이를 짚나라키(볏짚조각)으로 재어 가셔서 신바닥에 대고 맞추어보고 그 길이와 같은 신발을 사 오시는데 항상 좀 컸다. 얼마간 지나면 발길이가 조금씩 커지게 되어 맞아진다. 자주 신발을 사 주지 못하는 그때의 형편을 고려해서 그렇게 하셨는가 보다. 그러나 지금은 발을 직접 가지고 가서 신어보고 사와도 잘 맞추지를 못한다.

이제 나의 운동신발이 15켤레나 된다. 결국 오늘은 이 운동화를, 내일은 저 등산화를, 그래서 매일 새 신을 신는 새 기분으로 만족하면서 걷기 운동만을 꾸준히 하기로 생각을 바꾸었다. 머릿속에 맴도는 가장 좋은 신발은 억지로라도 잊어버리고 걷기운동의 좋은 효과만을 그리면서 걷기 운동이나 꾸준히 해야겠다.

평생학습 사회에 살아가기

오늘도 늦은 오후, 후덥지근한 날씨에 매우 덥다. 이틀 전이 초복이었다. 오늘 경주지방에는 39.7도까지 올랐다고 한다. 30분을 걸어서 스마트폰 사용법 공부하러 간다. 삼성전자 서비스센터 3층, 에어컨 온도설정을 절전 규정온도에 맞춰 놓아서 그런지 그렇게 시원하지는 않다. 먼저 온 6~70대 남녀 학습생 6명이 매장 구석 넓은 안내책상 주위에 둘러앉아 있었다. 모두 스마트폰을 꺼내놓고 폰 교육강사를 기다리고 있다. 3명의 강사가 돌아가며 교육을 하는데 오늘은 인기 많은 노선생님이다.

어김없이 6시 정각, 교육이 시작된다. 강사는 “자, 오늘은 재미있는 폰 기능에 대해 공부해 보기로 하겠어요.”라고 말을 꺼낸다. “스마트폰을 열고 앱스에 들어가 인터넷 창을 찾아 눌러 띄우고 위쪽 검색창에 ‘네이버’라고 쳐 보세요. 네이버가 뜨면 검색창 오른쪽에 작은 그림 모양이 있지요? 그걸 콕 눌러보세요. 그러면 음악, 음성, 일본어, 한자, QR·바코드, 스마트렌즈 등 이미지모양(icon)과 작은 글씨의 이름이 나타납니다. 먼저 음성부터 해 봅시다. 음성을 톡 누르고 검색해 보고자 하는 단어를 또록 또록 말해보세요. 찾고자 하는 정보내용이 뜨지 않습니까? 이렇게 하면 문자판에 글자를 안쳐 넣어도 정보검색을 할 수 있습니다. 그러는 동안 노선생은 개별 질문에 답해주고 진행과정의 오류를 바로 잡아준다. 다음은 스마트렌즈에 대해 알아보도록 하겠습니다. 스마트렌즈 아이콘을 살짝 눌러보세요. 사각창이 크게 나타납니다. 검색하고자 하는 실물이나 사진을 스마트렌즈의 사각창에 맞추어 조정한 후 촬영버튼을 누릅니다. 그러면 그 상품을 비롯해 유사한 상품까지 상품정보가 상세히 나타날 것입니다." 배우는 고객들은 이구동성으로 "야, 이런 기능도 있었구나." 하며 신기해한다.

"다음은 QR·바코드에 대해 알아보겠습니다. QR·바코드 아이콘을 톡 누르면 사각창이 나타나지요? 거기에 QR코드나 바코드에 갖다 대면 폰이 자동으로 코드를 인식하여 관련된 정보를 보여 줍니다. 폰에 있는 이런 기능들을 잘 활용해 보세요." 우리들은 재미있어하며 내용을 열심히 따라했다.

"다음은 음악 아이콘을 눌러보세요. 다른 곳에서 들리는 음악소리를 폰이 감지하면 소리를 분석하여 그 음악이 어떤 음악인지 곡목, 작곡자 등 유용한 정보를 알려줄 것입니다." 학습자들은 간간히 "야, 그런 기능도 있었구나, 진작 알았어야하는 건데 이제야 알게 되었네!"하며 한탄하

듯 감탄해 한다.

하버드대 새뮤엘 아보스만 교수는 지식 가운데 절반이 오류로 밝혀지거나 쓸모가 없어질 때까지 걸리는 시간은 물리학이 13년, 경제학 9년, 심리학과 역사학은 7년 밖에 안 된다고 했다. 따라서 지식·정보를 계속 보충하거나 채워 넣어야 하고 또, 스펀지처럼 흡수되게 하여 이들 관련 정보들을 필요에 따라 서로 합치고 융합하면서 더욱 효율적인 지식·정보로 만들어 활용해 나가야 한다. 나와 우리 주위에는 지식·정보의 바다가 항상 출렁이고 있다. 마음먹기에 따라서는 이를 얼마든지 찾아내고 이용할 수가 있다. 그들 정보가 평생 우리 곁에 머물러 있는 것 같지만 기회를 놓친다면 다시 맞기란 쉽지 않게 된다. 옛날에는 경험 많은 어른의 말을 듣지 않으면 살아가기가 어려웠다. 농경사회는 경험이 바로 삶의 지침으로 되었기 때문이다. 그러나 오늘날은 경험 보다는 지식·정보가 더 중요하게 되었고 따라서 이를 잘 학습하고 이용할 줄 모른다면 그만큼 생활의 질은 떨어질 수밖에 없게 되었다.

이제는 나에게 필요한 정보를 어디서 어떻게 찾아내어 활용할 것인가가 매우 중요한 능력이 되었다. 나에게 필요한 질 좋은 정보의 수집과 활용은 결국 내가 살아가는 데 있어 매우 중요한 바탕이 된다. 아무리 좋은 정보라 할지라도 그걸 어디서 획득해야할지, 또 획득했다 하더라도 제대로 활용하지 못한다면 아무런 쓸모가 없다.

따라서 지방자치 차원에서 주민에게 필요한 평생학습 기회제공을 위해 자치 단위기관에는 평생교육 담당부서가 있고 각 구청의 평생교육

관련 업무를 총괄하면서 협력 추진하고 있다. 창원 아카데미라 해서 각 구청별로 한 달에 1회씩 유명 전문 강사를 초빙하여 강연회를 개최한다. 배워보고자 하는 의욕적인 시민들이 자율적으로 많이 몰리고 있다. 열정만 있으면 얼마든지 더 공부(학습) 할 수 있는 시대다.

주위에는 경남대, 창원대, 문성대, 한국폴리텍7대학, 여성회관, 주민자치센터 등에서도 평생교육 전담기구가 있어 수료생을 끊임없이 배출하고 있다. 또 구청별로 설치된 노인복지회관에는 건강강좌, 컴퓨터, 카메라, 음식조리, 생활소품, 바둑, 탁구, 게이트볼, 당구뿐만 아니라 서예, 사군자, 풍수지리, 노래교실도 함께 열리고 있고 건전 사교춤까지 배울 수가 있다. 주민의 요구가 있으면 언제든지 강좌를 계속 증설 조정해간다. 평생 공부를 하고자 하는 지역민들에게 학습의 기회를 적절히 제공해 주기 위해서다.

대학의 평생학습관, 주민자치센터 문예창작반 출신 문인들이 문학지, 시집, 수필집 등을 출간하는가 하면 개인의 문학적 역량도 높여가고 있다. 그리고 동호회 등 관련 단체를 조직하여 자체연수도 하고 정보도 나누며 문학기행을 다니기도 한다.

나는 스마트폰 오늘의 공부를 마치고 센터 문을 나오면서 "오늘 새롭게 배운 스마트폰의 이런 기능들을 당장 활용해 보아야겠다는 생각을 떠올리며 새로운 내용을 학습하는 이런 재미로 여기 온다!"라고 중얼거린다. 그리고는 뿌듯한 희열감에 젖는다. 배움의 즐거움을 새삼스럽게 느껴보는 기분이다. 왠지 오늘따라 발걸음이 가볍다. 학이시습지면 불역열호(學而時習之 不亦說乎)라!

(2017. 『수필문학』 8월호)

톳밥

매일 비슷비슷 먹는 그 밥에 그 나물로 끼니를 때우는 때가 많았다. 봄날 어느 아침, 아내가 뜻밖에도 톳밥이란다. "톳밥이 뭔데?" 하고 능청스럽게 되물었다. 글쎄, 나와 보란다. 처음 보는 장면이 펼쳐져 있다. 큰 그릇에 톳밥을 차려 놓았다. 간을 맞추고 먹어보란다. 나는 깨소금과 고춧가루가 뿌려진 간장으로 대충 간을 맞추었다. 그것 참 또 다른 맛이다.

해조류의 톳은 일반적으로 미네랄의 보고로 알려져 있다. 밥을 먹으면서 아내가 간간히 톳에 대한 설명을 덧붙여 준다. "해조류 중 갈조류에 속하는 톳에는 식이섬유가 풍부해서 변비에 좋아요. 칼슘은 우유의 14배나 들어있고 철분과 마그네슘 등 90여종의 미네랄도 풍부하게 들어있다고 해요. 그래서 혈압을 일정하게 유지하고 혈관벽을 튼튼히 한다는군요.", "뭐, 혈압에 좋다고?", "물론이지요. 칼륨이 들어있어 고혈압에 좋고, 비만방지와 해독작용도 있답니다.", "아 그런가? 몰랐네." 이야기를 하면서 연방 톳밥을 톡톡 먹고 있다. 나도 한마디 한다. "그러네, 정말 영양의 보고로군. 영양식이야. 내가 너무 늦게 알았어. 많이 먹어야겠어요. 좋은 것을 알게 해 줘서 고마우이. 맛있게 먹어 봄세, 댕큐!" 연이어 내가 한마디 더한다. "그런데 톳의 어원은 어떤가하면 톳이 바위에 붙어 삐죽이 나와 있는 형태가 톱과 비슷해서 붙여진 이름이랍니다." 톳밥 옆에 보니 당근, 새송이버섯도 잘게 썰어 놓았다. 된장찌개와 겉절이뿐만 아니라 싸서 먹을 수 있도록 돌김까지, 언제 이렇게 준비를 했었는지 참으로 고마운 일이었다. "어제 장날 톳을 사와서 불순물과 비린내를 없애기 위해 물에 식초를 조금 넣고 반시간 정도 담가 두었다가 흐르는 물에 씻어놓았었지요. 밥이 어느 정도 끓었을 때 준비해 놓은 톳을 넣고 했어요.", '아, 그랬었네. 그런 과정을 거쳤었구나!'

이렇게 알고 먹으니 한맛 더 난다. 오돌토돌 씹히는 입감도 괜찮다. 어쨌든 별미(別味) 중 별미다. 밥에 톳을 섞어 먹어보기는 난생 처음인 것 같기도 하다. 톳으로 나물을 무쳐 먹어본 기억이 있는 것 같기도 하지만.

톳밥을 먹다가 까마득한 내 옛날 기억 몇 가지가 떠오른다. 어릴 때 우리 집은 좀 가난했었다. 농삿집이었지마는 쌀이 귀했다. 그래서 야산(野山)을 개간하여 밭을 일구고 고구마를 심었다. 생산된 고구마로 지은 고구마 밥을 많이 먹었다. 그때 고구마는 어째 그런 품종뿐이었던지 별로 달지도 않고 물컹(물렁)하여 맛이라고는 할 수 없을 정도였다. 하지만 그 때는 고픈 배를 억지로라도 좀 채워놓아야겠다는 생각뿐이었다. 고된 바깥일을 마치고 집으로 돌아와도 끼니로서 기다리는 것은 고구마밥! 보리밥에 그 고구마를 섞어 만든 고구마밥이 주식이었다. 잘 넘어가라고 동치미(동김치)를 반찬으로 먹는 것이 전부였다. 그 고구마밥 저녁을 먹고 배가 고플 때쯤에는 고구마를 썰어서 말려 만든 빼때기죽을 먹곤 했다. 간혹 먹는 간식까지도 그 질린 고구마였다.

다른 사람은 고구마를 잘 먹는다 해도 난 그렇지를 못했다. 고구마 체질이 아니었던가. 어떤 땐 울면서 끼니로 먹어야했던 그 고구마밥 생각이 마음 한구석에 감각적으로 새겨져 있는가 보다. 누가 뭐래도 흰 쌀밥을 매일 매 때 실컷 먹어보았으면 했다. 나에게 그것은 유일한 바람이었다.

얼마나 먹었던지, 물렸던지 어느 시기에는 '고구마' 하면 꼴도 보기 싫었다. 남이 고구마를 먹고 있는 것을 보아도 전혀 구미가 당기지 않았다. 그런데 그게 아니다. 요즘은 건강기능 식품으로 각광을 받고 있다나!

또, 개떡도 있었다. 부드러운 쌀겨(등겨)를 물에 버물어서 사카린을 사다 넣고 달달하게 만들어 먹어가며 끼니를 때울 때도 있었다. 뿐만 아니라 쑥을 캐 와서는 밀가루와 으깨어 쑥 털털이를 끼니로 먹는 것은 어쩌고! 점심때는 간혹 국수에 간장을 풀어 간을 맞춘 물에 사카린을 사다 넣고 단맛을 나게 해서 깨소금을 조금 뿌리고 소풀(부추)을 데쳐 넣어 만든 국수생각이 어렴풋하다.

먹어서 배만 부르면 되었던 시절을 저만큼 뒤로 하고 요즘은 이 음식은 칼로리가 낮다, 영양가가 어떻다, 당 수치가 올라간다, 체질 따라 몸에 좋다 나쁘다는 등 건강과 맛을 우선으로 따지는 음식문화로 바뀌었다. 마음만 먹으면 몸에 맞는 음식을 골라 먹을 수 있게 되었다. 음식을 통한 건강관리는 본인이 알아서 선택해 나가야 하는 시대다.

톳은 항암효과가 있는 알긴산과 푸코스테롤을 함유하고 있고 혈관 내 콜레스테롤 침착 방지 및 중금속의 배출효과까지 있어 우리의 필수식단 메뉴에 꼭 들어가야 하는 좋은 식자재의 하나다. 톡톡 아삭거리며 씹히는 톳밥이 내 몸에 어떤 영향을 미치는지 더 알아보기 위해 인터넷을 좀 뒤져 보아야겠다.

매서운 눈으로 부드러운 필치로

- 고영문의 『감동을 찾아 떠나다』를 중심으로

이 균 상
(문학평론가 · 문학박사)

'부드러운 것은 잘 부러지지 않는다. 부드러움이 강하다'는 것을 세상에 몸으로 보여주기라도 하려는 것일까. 거칠고도 세찬 바람에 휘었다가 다시 일어서 중심을 잡는가 싶더니 여전히 계속 흔들리고 있다. 그러면서 커 간다. 먼 훗날을 위해서. - 「메타스퀘어 꼭대기」 중에서

1. 진솔한 향기에 취하다

물아일체(物我一體)라는 사자성어의 뜻은 일체의 대상과 마주한 주체 사이에 어떠한 구별도 없는 상태인데 이 말을 좀 더 쉽게 풀이하면 바깥 사물과 나, 객관과 주관, 또는 물질계와 정신계가 어울려 한 몸으로 이루어진 현상이다. 고영문 수필가의 첫 수필집 『감동을 찾아 떠나다』가 바로 물아일체 그대로다. 만물과 작가가 한 덩어리이니 어찌 물아일체가 아닐 수 있을까.

예술작품이란 작가가 자신의 체험에 사상을 덧칠해서 세상에 내어 놓은 것이다. 문학에서 수필이나 시의 생성과정도 작가 자신의 삶의 궤적

에서 나온 결과물, 즉 흔적에다 자신만의 사상과 창의성이 곁들여져서 탄생된다. 그러니 아무나 수필가가 될 수는 없다. 자신의 일상생활을 글로서 표현할 수는 있으되 그 글 속에 자신의 사상을 담아내기가 쉬운 일이 아니기 때문이다. 달변가가 장시간 동안 입담 좋게 사설(辭說)을 늘어놓았는데 듣고 있던 사람들은 그가 무슨 말을 하고 있는지 알 수 없다면 그를 달변가라고 칭할 수는 있지만 말을 잘하는 사람은 아니다. 마찬가지로 문장력이 좋은 사람과 글을 잘 쓰는 사람을 동격으로 볼 수는 없다. 글 속에는 남과 다른 자신만의 사상과 철학이 담겨있어야 한다. 여기서 체험은 누구나 비슷할 수도 있지만 사유와 그 깊이는 다 다를 수밖에 없다. 이 수필집도 작가 자신의 체험에다가 자신만의 깊이 있는 사유를 덧칠해서 펼쳐놓았다.

『감동을 찾아 떠나다』는 작가가 세상에 처음으로 내어놓는 수필집이다. 사회적인 문제보다는 개인적인 일상생활에서 오는 사사롭고 소소한 이야기들로서 수필의 여러 장르 중 오직 미셀러니(miscellany)에 해당하는 글들이다. 여기에는 작가의 인생이 몽땅 들어 있어서 작가 고영문의 알몸이 그대로 드러나 있다고도 말 할 수 있다. 필자가 이 작가를 근 30여 년 동안 가까이서 지켜본 결과 '참으로 성실하고 진지한 사람, 또 작가이기 이전에 참교육자요, 올곧은 사람이구나.'라는 생각을 하게 되었다.

수필은 산문형식의 문학이기 때문에 운문 형태인 시와는 대칭의 위치에 있고 같은 산문이면서 소설과도 또 다른 대칭의 위치에 있다. 그 이유는 허구냐 팩트냐 라는 측면에서다. 소설은 작가의 상상력에서 출발하지만 수필은 작가의 체험을 바탕으로 하여 거기서 우러나오는 가치관, 인생관 등을 표출하는 방식이기 때문이다. 한 편의 수필 속에 자신의 내면세계가 꾸밈없이 드러나게 된다. 그래서 수필 속의 내용은 일반 범인들이 체험한 일상과 별다른 차이가 없기에 아무 재미도 없을 듯하다. 그러나 수필만으로 베스트셀러의 반열에 오른 작가들도 수없이 많다. 이는 앞서 언급한 바와 같이 소설은 작가가 독자들의 재미를 북돋우기 위해서 꾸며낸 이야기이지만 수필에는 작가 자신만의 사상이 들어있기에 작가로부터 뿜어져 나오는 진솔한 향기를 느낄 수 있기 때문이다.

2. 어린이에게 꿈을

매사에 빈틈이 없는 꼼꼼한 성격이라 '적당히'라는 말은 통하지 않았다. 말도 가려서 하는 편이라 실언도 하지 않는다. 그러면서 헌신과 자애로서 아이들을 대하는 '참 선생님'이 고영문 선생님이다. 이 수필집 곳곳에서 사도(師道)의 혼이 배어있음을 보게 된다. 가르침을 받는 장애어린이들에게 쏟는 정성은 참으로 자애롭고 세심하다.

은주가 그 같은 슬픈 날을 오늘도 보내고 있지 않을까 생각하니 마음이 어두워진다. 어찌 은주뿐이랴! 팔다리에, 귀에, 눈에, 머리에 어느 한 곳의 무거운 장애와 함께 누구도 듣기 싫은 '바보' 소리를 들으면서 평생을 운명으로 살아가야 할 이들은 어떻게 보면 우리사회에서 가장 위대한 초인인지도 모른다. 은주를 울지 않게 해 주어야 할 텐데….

-「은주 이야기」 중에서

나는 인철이의 그림을 이렇게 본다. 즉, 꿈, 희망, 연상, 상상, 기억, 경험, 흥미, 욕구 등을 자유롭게 형과 색으로 대응시켜 얻은 흔적이라고. 따라서 잘 그리고 못 그리고는 문제가 되지 않는다. 내가 미처 그의 그림을 이해하지 못하는 것일 뿐이다.

–「신나는 올림픽」 중에서

은주는 일반학교에 다니는 다운증후군 어린이이고 인철이는 특수학교에 다니는 장애어린이인데 작가가 장애어린이들의 학교인 특수학교에 근무할 때의 글이다. '이들은 어떻게 보면 우리사회에서 가장 위대한 초인인지도 모른다.'고 했다. 특수학교 어린이들은 다른 어린이들에 비해서 몇 배나 더 큰 애정과 관심이 필요하다.

작가 김태두는 '여성과 남성, 진보와 보수, 젊은이와 늙은이, 도시와 시골, 남과 북, 종교의 차이, 지역 간의 차이, 취미의 차이, 성격의 차이 등 서로 이해하지 못해서 많은 다툼이 일어난다고 이야기한다. 또, 서로 다름을 인정하고 포용함으로서 하나가 되고 튼튼한 우리가 된다.'고 말한다.

–「배려와 사랑의 가족이야기」

위 인용문 「배려와 사랑의 가족이야기」는 김태두 동화집 『무지개성 이야기』에 대한 고영문 작가의 감상문이다. '나는 이 글을 읽는 동안 자신도 모르게 '무지개성에 살고 있는 것 같게도 느껴지고 아니야, 동화 속의 이야기인데 뭘'하면서 객관적으로 바라보는 입장이 되기도 한다.'면서 '깊은 밤 조용한 틈을 타서 찾아온 별님과 펼쳐지는 이야기가 아기자기하고 흥미를 더해간다.'는 대목에선 화자는 자신이 독자가 아니라 이미 '무지개성'에서 살고 있는 동화 속의 주인공으로 착각하고 있다. 감상자는 꿈 이야기를 통해 아이들에게 꿈과 희망을 길러줄 수 있고 아름다운 가족 간의 배려와 그 광경이 감동적이라고 했다.

「배려와 사랑의 가족이야기」는 글의 구성이나 내용상으로는 평론에 가깝다. 여기서 '평론에 가깝다'라는 말의 의미는, 평론은 작품의 전개과정상에서 구성이나 주제, 등장인물의 성격 등에 대한 분석적 견해가 필수이기 때문이다. 또 이 수필집에 수록된 수필 중에는 동화적 색채가 짙은 작품이 많다. 아마 어린아이들을 가르치는 작가의 직업과 무관하지 않다고 보아진다.

> 어제는 유치원 미술시간, 그림을 그렸는데 선생님이 크레파스를 가져오지 않은 민아와 같이 나누어 쓰라고 하셨단다. -중간 생략- 공부를 마치고 집에 와서는 민아가 녹색 크레파스를 어떻게나 많이 달구든지 그림을 그리면서도 내내 어떻게 쓰나하고 그것만 보고 있었다는 것, 정작, 자기는 새로 산 크레파스가 아까워서 색칠도 잘 못하는데 민아는 거리낌없이 자기 그림에 막 문질러 대더라는 것, 24색 가운데 닳아서 반 토막이 되어버린 녹색 크레파스! 생전 처음 엄마가 사준 크레파스였다. 처음으로 자기 것으로 가져보는 크레파스다. –「녹색 크레파스」 중에서

평소에는 언니와 같이 크레파스를 사용하다가 막내 혼자 사용할 수

있는 새 크레파스를 사주었다. 막내가 새 크레파스를 처음으로 유치원에 가져간 미술시간에 짝지 민아가 마구 써서 짧아진 녹색 크레파스를 보면서 마음 아파했을 막내를 달래준다.

"같이 나누어 써야지, 다 쓰고 나면 새로 사 줄 건 데, 그래야 착한 사람 되지."

유치원에 갓 들어간 딸아이의 동심과 아버지의 자애가 잘 서술된 한 편의 동화로 보아도 될 작품이다.

위에 인용된 고영문 작가의 수필 중 몇 편은 다른 장르로 분류해도 될 정도로 글의 영역이 다양하다. 예를 들자면 「배려와 사랑의 가족이야기」는 아동문학 평론으로, 「녹색 크레파스」는 동화로, 매미에 대한 이야기인 「세대의 연결」은 과학연구 보고서로 분류해도 좋을 것 같다. 본래 수필은 문학 안에서도 다른 장르로 넘나드는 경우가 많다.

동화적 색채가 짙은 작품으로는 「녹색 크레파스」, 「개나리와 노랑병아리」, 「그 때 그 시절」, 「크고 바른 골짜기 한골」, 「신나는 올림픽」, 「감동을 찾아 떠나다」 중 「두 번째 찾아온 감동은 영수를 찾게 되다!」, 「필통」 등인데 이 외에도 조금만 각색하면 바로 동화로 탈바꿈될 수 있는 작품들이 많이 있다.

「감동을 찾아 떠나다」는 8개의 감동으로 이어져있다. 처음 만난 감동은, 초등학교 1학년 때, 선생님이 이름을 알고 불러주셨을 때이고, 두 번째 찾아온 감동은, '영수를 찾았을 때라고 했다. 특수학교에서 하교 후 행방불명 된 영수를 그 다음 날, 찾았을 때라고 했다. "영수야, 선생님이야!"/ "어, 선생님 뭐 하러 왔노?"/ "너 찾으러 왔지."/ 하며 손을 덥석 잡았다. 다시는 놓지 않으리라는 마음으로. 입가에 자장면 국물이 얼룩져 있다. 어디서 잤는지, 그동안 무얼 먹고 어디로 다녔는지 도시(도무지) 알 길이 없다면서.

여덟 번째 감동은 '밤하늘의 별을 보고!' 이다. 이 작품은 판타지동화를 읽는 감정으로 빠져들게 한다.

작가는 우주의 수많은 별 중의 하나인 지구에서 우주를 올려다보는 밤하늘은 신비롭고 황홀하다고 했다. 특히 「베개」에서는 '평소 크고 작은 고민과 고뇌를 잊고 행복한 꿈나라로 가보자는 생각을 할 때가 많았다'면서 꿈나라에 가면 '하늘을 자유롭게 날아다닐 수 있어서 좋다' 고 한다.

화자는 바로 아이어른이다. 동화의 세계에서 꿈을 먹고 사는 어른, '동화작가 고영문'을 상상해 본다. 작가는 '크고 작은 감동꺼리는 내 주위에 얼마든지 있다. 매일매일 감동적인 삶을 만들어 보자. 감동꺼리를 찾아 다시 떠나보자.'고 생각하는 고영문 수필가는 지금 이 순간에도 행복할 거야.

3. 학이시습지면 불역열호(學而時習之 不亦說乎)라

작가가 대학원에서 전공한 학문은 특수교육이지만 과학, 그 안에서도 특히 생물분야에 관심과 식견이 높다. '알에서 깨어난 매미의 성충은 땅

속으로 내려가 대략 3~7년을 굼벵이로 산다고 한다.' 학문에 대한 열정이 넘쳐난다.

「평생학습사회에 살아가기」를 보면 작가가 새로움과 자연 현상에 대한 지적 호기심이 어느 정도인지 가늠할 수 있다. 새로운 내용을 학습하는 재미를 '뿌듯한 희열감에 젖는다. 배움의 즐거움을 새삼스럽게 느껴보는 기분이다. 왠지 오늘따라 발걸음이 가볍다. 학이시습지면 불역열호(學而時習之면 不亦說乎)라!'라고 한다. 또 하버드대 새뮤엘 아보스만 교수의 정보론에 관심을 가지고 있다. '지식 가운데 절반이 오류로 밝혀지거나 쓸모가 없어질 때까지 걸리는 시간은 물리학이 13년, 경제학 9년, 심리학과 역사학은 7년 밖에 안 된다'면서 '지식·정보를 계속 보충하거나 채워 넣어야 하고 스펀지처럼 흡수되게 하여 이들 관련 정보들을 필요에 따라 서로 합치고 융합하면서 더욱 효율적인 지식·정보로 만들어 활용해 나가야 한다.'고 주장한다.

'스마트렌즈', '앱', 'QR·바코드 썸네일', '음악 썸네일' 등의 용어가 등장하고, QR·바코드, 썸네일을 톡 누르면 사각창이 나타나나고 거기에 QR코드나 바코드를 갖다 대면 폰이 자동으로 코드를 인식하여 관련된 정보를 보여 주고…."라는 내용이 있다. 스마트폰 사용상의 고급기능을 공부하기 위해 지금 이 순간에도 강의실에 앉아있을지 모를 작가를 상상해 본다. '앎'에 대해서 참으로 목마른 사람이다.

위 인용 글에서 보는 바대로 고영문 작가는 평생을 공부하는 사람이다. 일상생활에서의 현상에 대하여 항상 의문점을 가지고 살아간다. '무엇이든지 예사로이 보지 않는 성격이다. 늘 공부하는 습관이 몸에 배어 있다 보니 그의 지식의 범위는 광범위하다. 아래 글「세대의 연결」과 밤하늘의 별을 본 다음의 감동에 대한 글도 평소 문헌 연구와 세심한 관찰에서 나온 글이다.

매미! 매미의 과거로 거슬러 올라가 본다. -중간생략- 어떤 종류의 세균(Clostridium perfringens)은 한 세대가 9분밖에 안 된다. 이 세균의 최초 조상이 태어난 30억 년 전까지 거슬러 올라간다면 세대수는 그저 아득해질 뿐이다. 그렇게 주위환경에 적응하면서 이어져 온 종족의 한 세대(매미)를 바로 앞에서 내가 지금 보고 있다는 것은 실로 경이롭기까지 하다.

-「세대의 연결」 중에서

우리가 살고 있는 이 은하계 우주와 비슷한 우주가 저 대 우주 속에 10의 400승개가 있다지! 참으로 거대하고 신비로운 우주다. 그 한 점과 같은 조그마한 지구라는 별인 이곳 한 부분에 서서 밤하늘 그 대우주를 올려다보고 있는 영광을 나는 지금 누리고 있다.

-「감동을 찾아 떠나다」 중에서

「산이 물이었네!」에서는 '그 당시의 공룡 발자국은 이렇게 화석으로 남았지만 그 시대 바로 여기 늪 주변의 생물들은 무엇으로 어떻게 변해 갔을까?', '앞으로 1억년 후가 되면 이곳은 또, 어떤 모습으로 변해 있을 것인가?', '필리핀 가까이 있는 엠덴 해구처럼 세계에서 가장 깊은 바다로 되지는 않을까?' 고영문 작가의 지적 호기심은 끝이 없다. 자연현상의 오묘함에 대한 끝없는 의문이 작가의 머리카락을 백발로 변화시킨 것인가? 또 「베개」, 「평생학습사회」에 살아가기 등에서 보는 두 편의 글에서도 작가가 추구하는 인식의 대상이 무엇인지를 살펴볼 수 있게 한다.

수필에 나타난 인식의 대상을 살펴보면 그 수필가의 문학적 지향점을 알 수 있다. 일반적으로 수필 작가는 객관적 실재에 대한 인식을 배경으로 주관적 정서를 담아서 글로 표현하는데, 그 주관적 정서는 곧 작품의 내용이 된다.

4. 세상만사 알콩달콩

『감동을 찾아 떠나다』는 소재와 주제가 아주 다양하다. 42년간의 교직생활에서의 단상과 가족, 친구, 이웃사람들과의 알콩달콩 살아가는 이야기들이다. 여기에는 작가 자신의 인품과 지식이 내포되어 있고 또 사상도 들어있다, 일상생활 주변의 이야기들이다. 때로는 틀에 박힌 직장생활이 따분하다보니 엿장수가 부러웠던가 보다.

> '팔면 좋고, 못 팔아도 그 뿐이다. 사도 좋고 안 사도 그만이다. 책임질 일도, 따질 일도 없다. 엿장수, 일 치고 이만한 일이 어디 있을까, 이만한 직업이 또 어디에 있겠는가?' … (중략) '여기저기서 순식간에 아이들이 모여들고 엿장수는 더욱 신이 난다. 값어치에 따라 눈짐작으로 쾅쾅 철거덕, 엿을 뚝뚝 잘라 떼어준다. 잘 팔리면 덩달아 더욱 흥이 난다. 규정대로 평생을 살아온 나는 이를 흥미롭게 보고 섰다.'
>
> –「어떤 엿장수」 중에서

조금도 빈틈없는 직장생활은 매일 정해진 시각에 출근하고 퇴근한다. 빡빡한 일정과 사람과의 관계에서 오는 긴장된 생활의 연속이라 엿장수가 부러울 만도 하다. '사도 좋고 안 사도 그만'이요, '이만한 직업이 또 어디에 있겠는가?', '값어치에 따라 눈짐작으로 쾅쾅 철거덕, 엿을 뚝뚝 잘라 떼어준다.' 엿장수란 자영업자에 대한 서술은 탄복할 정도다. 필자의 견해로는 「어떤 엿장수」의 이 부분이 본 수필집에서 가장 빼어난 명문이라고 본다. 엿장수와 그 주변에 대한 적절한 의성어와 의태어에 풍자와 해학까지 동원한 서경적 묘사는 아주 사실적이며 관찰자인 화자와의 감정이입이 절묘하게 표현되었다.

할머니 네 분이 동네 식당에 모여 큰 음식상에 둘러앉았다. 점심으로 오리 주물럭 한 마리를 시켰다. ~ 할머니들의 이야기가 시작된다. "고기위에 뚜껑을 덮어야 한다.", "안 덮어도 된다." 한마디씩 하신다. 노련한 솜씨의 할머니 한분이 요리집게로 고기를 뒤집기 시작하는데 "어허, 그러면 안 된다. 좀 더 있다 해야 된다.", "불이 세다 좀 낮추어라." 그러는 사이 고기는 또닥거리며 타기 시작한다.

※「레시피」에서 필자가 묘사로 서술된 부분에 밑줄을 그었음

「레시피」에서는 요리 방법을 두고 할머니들이 티격태격하는 모습에서 작가는 '우리는 보통 한 쪽, 한 부분만 보고 경험하여 그것이 옳다고 생각해버리는 경우가 많다. 너도 옳고 나도 옳다.'라고 했다. 황희 정승의 판결식이다. 그렇다. 여기서 필자도 한마디 해야겠다. 작가의 이 말도 옳다.

「레시피」는 웹툰을 보는 기분이 들 정도로 그 묘사가 사실적이다. 밑줄은 묘사로 표현된 부분인데 할머니 네 분의 오리 요리 장면을 독자가 현장에서 직접 보고 있는 것으로 착각할 정도로 실감이 난다.

아래 인용 수필 「내가 차린 밥상」은 아내가 해외여행을 간 탓으로 직접 밥을 짓는 과정을 서술한 글이다. 앞의 「레시피」와는 달리 서사적 서술로서 한 편의 비디오를 보는 것 같다. 밥 짓는 과정이 번호 ①에서 ⑩까지의 순서와 같이 시간의 흐름에 따라서 전개되고 있다.

① 통 뚜껑을 서툴게 열고 ② 쌀을 떠내어서 ③ 씻고 ④ 전기밥솥에 부어넣는다. ⑤ 물 높이를 조절하고는 ⑥ 취사 스위치를 누른다. (취사 완료) ⑦ 냉장고에서 반찬을 꺼낸다. ⑧ 밥을 퍼서 담고 ⑨방에 들어와 ⑩ 먹으려고 보니 (아, 불사! 밥이 얼룩덜룩 온통 진한 검은 색 일색이다.)

※ 「내가 차린 밥상」을 시간의 흐름에 따라 서사적으로 이루어지고 있는 동작과 변화를 필자가 순서대로 재구성해 놓은 것임

위 인용 작품 외에도 묘사적인 서술과 서사적 서술이 많이 있다. 때로는 점층법 반어법, 풍자, 은유 등 온갖 서술법을 동원하여 내용과 상황에 따라 작품을 생산해내는 고영문 수필가의 창작능력이 돋보인다.

문학작품 중에서 작가의 개성이 가장 잘 드러나는 장르는 수필이다. 상상이 개입 될 여지가 없기 때문이다. 고영문 작가의 작품에는 모두가 작가의 인성과 성격이 잘 나타나고 있다. 특히 작가의 개성과 인성이 잘 표출되어 있는 작품으로는 「콩밭이야기」, 「베개」, 「선풍기 애환」, 「신발」, 「우

산과 흰 봉투」 등이다.

작가의 아내가 결혼한 이후 처음으로 번 돈이라면서 남편에게 돈 봉투를 내민다. 밖에 나가서 하루 일하여 받은 수당이라면서 5만 원 짜리 지폐 2장이 든 흰 봉투를 남편에게 건넨 것이다. 그 봉투를 받은 화자는 그 순간부터 고민에 빠진다. '이 돈, 내가 쓰라고 준 돈, 그토록 한 맺힌 이 돈을 난들 어디에 쓸꼬…. 식당에 갈까? 아내가 좋아하는 닭튀김을 사서 같이 먹을까? 케이크로 촛불 잔치를 벌여 볼까? 가족들의 의견을 들어볼까? 아니면 표구라도 해서 안방 벽에 걸어둘까!' 「우산과 흰 봉투」에 나오는 내용이다. 작가가 얼마나 예민한가를 짐작할 수 있는 대목이다. 「신발」을 보면 신중한 것인지 소심한 것인지 헷갈릴 정도다. 운동을 하기 위해 신발을 고르는데 그 과정이 우습기도 하고 눈물겹기도 하다. 운동화 하나만 잘 골라 신으면 운동이 저절로 될 것 같다면서 신고 다니기에 편한 신발을 구입하다보니 무려 15켤레나 샀지만 그래도 흡족할 정도의 신발은 결국 구하지 못했다는 내용이다.

이제 해학적인 글 한 편을 보자. 「웃는 연습」에서는 멀건 대낮, 보석상에 강도가 들었다. 덜미를 잡혔다. 경찰에게 잡힌 범인이 하는 말, "보석에 눈이 어두워 아무것도 보이는 게 없었습니다요." 참으로 어이가 없다. 이 글을 읽던 필자도 웃음이 나온다.

5. 계속되는 감동들

고영문 수필의 특징은 미셀러니이면서 감상적인 작품이 많다. 문체상으로는 첫째, 미사여구가 없는 간결체다. 둘째, 우유체, 화려체로서 부드러운 문체다. 셋째, 명료하다. 그러나 이 수필집을 좀 비판적으로 평하자면 비판적인 면이 드물다는 점이다. 우리가 살아가는 이 세상은 파라다이스로만 이루어진 곳이 아니다. 또 미담이나 아름다운 것만 존재하는 것도 아니다. 그런데 고영문 수필에는 감동과 환희, 선(善)과 미(美)로 짜여 있다. 추(醜)와 악(惡)에 대한 사유는 어떻게 표출할지가 궁금하다. 그는 본래 매사를 비판적으로 보는 성격이다. 그런데도 긍정적인 면만 진술되어 있음은 평소 직선적인 언행을 잘하지 못하는 부드러운 성품 탓이라고 본다. 글을 쓰는 문학가는 세상만사에 대해서 매서운 눈과 비판적인 사고를 가져야 한다. 수필이 수필로서의 존재의미는 독자들로 하여금 스스로 인지하지 못한 인생의 진리를 새롭게 이해하고 해석하는 기회를 제공하기 때문이다.

작가의 내면세계가 잘 드러나면서 문학적 감성이 돋보이는 작품은 「개나리와 노랑 병아리」, 「녹색 크레파스」, 「우산과 흰 봉투」, 「감동을 찾아 떠나다」, 「그 때 그 시절」, 「기차여행」, 「크고 작은 골짜기 한골」, 「메타스퀘어 꼭대기」, 「배려와 사랑의 가족이야기」라고 생각된다. 특히 「감동을 찾아 떠나다」에서 잘 드러난다.

고영문 작가는 이제 서드 에이지다. '평생에 그렇게 하고 싶어 했던 나의 일을 해 보자. 준비를 해둔 특허를 내자. 특기적성을 계발해 보자. 단계별 광합성 연구도 해야 한다.'라고 하며 「기차 여행」에서는 소박한 꿈을 내비친다. 이젠 이 수필집의 「어느 엿장수」처럼 이 모든 꿈, 몽땅 이루어지기를 빌어본다.

이 글을 끝맺으면서 필자에게 진한 울림으로 다가 오는 글 한 편을 옮겨본다. 본 수필집 『감동을 찾아 떠나다』의 말미에 이어지는 글이다.

'산 정상 높은 곳에 서서 땀을 식히며 내려다보고 있는 그 시원한 쾌감! 갈증으로 목 말라했을 때 산 중턱에 설치된 약수터에서 갈증을 해소하고 있을 때, 낯선 곳에서 어떤 사람에게 길안내를 친절하게 잘 들었을 때, 무거운 짐을 같이 들어주겠다고 하며 고마운 도움을 받았을 때, 내가 두 발로 몸의 균형을 유지하며 걸을 수 있는 능력이 있음을 생각해 보았을 때, 비 온 후 하늘이 개면서 햇빛을 받아 변화무쌍하게 변하면서 흘러가는 뭉게구름을 보고 있을 때, 시원하게 탁 트인 영화관 대형 스크린과 함께 나타나는 장엄한 음악을 듣고 있을 때….'

수필문학사 수필선집 427
감동을 찾아 떠나다

2017년 11월 15일 초판 인쇄
2017년 11월 20일 초판 발행

지은이 / 고영문
발행인 / 강석호

발행처 / 도서출판 교음사
편 집 / 隨筆文學社 出版部

03147 ·서울 종로구 삼일대로 457 수운회관 1308호
Tel (02) 737-7081, 739-7879(Fax)
e-mail : gyoeum@daum.net

등록 / 제300-2007-52호

* 잘못된 책은 교환해 드립니다. 값 12,000원

ISBN 978-89-7814-718-7 03810

이 도서의 국립중앙도서관 출판예정도서목록(CIP)은 서지정보유통지원시스템 홈페이지
(http://seoji.nl.go.kr)와 국가자료공동목록시스템(http://www.nl.go.kr/kolisnet)에서
이용하실 수 있습니다. (CIP제어번호 : CIP2017030154)